本書は、消費税法能力検定試験（公益社団法人全国経理教育協会主催）1級受験のためのテキストです。弊社刊「基本税法」の消費税法編に、1級試験に必要な内容を加筆し、また出題頻度の高い個別計算論点を例題として新たに掲載いたしましたので、検定対策として十分お役立ていただけます。

　本書を手に取られる方は2級の取得者で、将来、税理士を目指している方ではないでしょうか。すでに税法の概要は理解されているはずですが、1級では各論点とも「知識の奥行き」が求められます。

　1級は税理士試験への通過点と位置づけられています。そのため、易しい試験ではありません。本書がみなさまの夢や目標に少しでも近づくための一助となれば幸い

JN126643

Index

　本文中において、税率について特に指示が無い場合には、標準税率によるものとする。

第 1 章

消費税のあらまし

1 課税対象

消費税は，国に課税権がある，いわゆる国税で，課税の対象として次のように定めている。
(1) 国内取引…………国内において事業者が行った資産の譲渡等には，消費税を課する。(注)
(2) 輸入取引…………保税地域から引き取られる外国貨物には，消費税を課する。
　消費税は，国内で消費される財貨やサービスの消費に対して税負担を求めるもので，国外で行われる取引は課税の対象にはならない。また，国内取引又は輸入取引に該当しても，

（参考） 国内とは，この法律の施行地をいう。

(1) 消費税の性格から課税の対象とすることになじまないもの（[例] 土地の譲渡）
(2) 社会政策的な配慮に基づくもの（[例] 住宅の貸付け）
は，非課税取引とされる。

> **（注）** 資産の譲渡等（譲渡及び貸付け並びに役務の提供）が国内において行われたかどうかの判定は，原則として，その譲渡等が行われる時においてその資産が所在していた場所またはその役務の提供が行われた場所により判定する。

2 税率

　消費税は7.8%（地方消費税2.2%を合わせると10%）の税率で課税される間接税で，消費税の負担者は，最終的に商品を消費し，又はサービスの提供を受ける消費者であり，消費税の納税義務者は，製造，卸，小売，サービス等の各段階の事業者や保税地域からの外国貨物の引取者である。なお，飲食料品及び新聞で一定のものについては軽減税率（消費税 6.24% 及び地方消費税 1.76%，合計 8%）が適用される。

確認

設問 事業者が，本体価額 100,000円の商品を販売するとき，購入者から，地方消費税を含め，いくらの消費税を受け取るか。

解答 100,000円 × 10% ＝ 10,000円

設問 消費者が，本体価額 200,000円の商品を購入するとき，販売者に，地方消費税を含め，いくらの消費税を支払うか。

解答 200,000円 × 10% ＝ 20,000円

設問 購入価額が消費税込みで 198,000円の商品の本体価額はいくらか。

解答 $198{,}000円 \times \dfrac{100}{110} = 180{,}000円$

3 課税方法

　消費税は，生産，流通の各段階で，二重，三重に消費税が課されることがないように，課税売上に係る消費税額から課税仕入れ等に係る消費税を控除し，消費税が累積しないような仕組みになっている。

> **(注)**「課税売上」とは，原則として，消費税が課される取引の売上をいい，「課税仕入れ等」とは，消費税が課される取引の仕入れ等をいう。

〈例〉

生 産 者

10,000円で生産した資産を，消費税込みで11,000円で販売した。

課税売上に係る消費税額　　11,000円 － 10,000円 ＝ 1,000円
課税仕入れに係る消費税額　　　　　　　　　　　　　　0 円
納付税額　　　　　　　　　　1,000円 －　　　0 円 ＝ 1,000円

小 売 業 者

消費税込みで11,000円で購入した資産を，14,000円（消費税込みで15,400円）で販売した。

課税売上に係る消費税額　　15,400円 － 14,000円 ＝ 1,400円
課税仕入れに係る消費税額　　　　　　　　　　　　1,000円
納付税額　　　　　　　　　　1,400円 － 1,000円 ＝ 　400円

消 費 者

資産を15,400円（うち，消費税額1,400円）で購入した。

消費税負担額　　　　　　　　1,000円 ＋ 　400円 ＝ 1,400円

確認

設問 A事業者の課税期間中の消費税込（10%）課税売上高は48,125,000円であり，課税仕入れ等に係る消費税額（国税分）は2,512,500円であった。この場合の納付すべき消費税額（国税分）を求めなさい。

解答 (1)　課税標準額　　　　　　　　　　　$48,125,000円 \times \dfrac{100}{110} = 43,750,000円$

(2)　消費税額　　　　　　　　　　　　$43,750,000円 \times 7.8\% = 3,412,500円$

(3)　控除対象仕入税額　　　　　　　　2,512,500円

(4)　差引消費税額（100円未満切捨て）　$3,412,500円 - 2,512,500円 = 900,000円$

4 消費税額の原則的な計算の手順

(1)　納税義務の有無の判定
　　基準期間における課税売上高 ＞ 10,000,000円　　　　∴ 納税義務あり

(2)　課税標準額
　　課税期間中の税込課税売上高 $\times \dfrac{100}{110} = \times\times\times \rightarrow \times\times\times$ （1,000円未満切捨て）

(3)　消費税額
　　(2) × 7.8% ＝ ×××

(4)　税額控除
　① 控除対象仕入税額

$$当課税期間中の税込課税仕入高 \times \frac{7.8}{110} + 輸入取引に係る消費税額 = \times\times\times$$

② 売上げに係る対価の返還等に係る消費税額

$$当課税期間中の税込対価の返還等の金額 \times \frac{7.8}{110} = \times\times\times$$

③ 貸倒れに係る消費税額

$$当課税期間中の貸倒債権の金額 \times \frac{7.8}{110} = \times\times\times$$

④ ①＋②＋③＝×××

(5) 差引税額

(3)－(4)＝××× → ×××（100円未満切捨て）

(6) 中間納付税額

課税期間中の中間納付税額

(7) 納付税額

(5)－(6)＝×××

> **(注)** (5)がマイナスのときは「控除不足還付税額」となる。（円未満切捨て）
> (7)がマイナスのときは「中間納付還付税額」となる。
> 「課税期間」とは，納付する消費税額の計算の基礎となる期間で，個人事業者は暦年，法人は事業年度とされる。
> 「基準期間」とは，個人事業者についてはその年の前々年をいい，法人はその事業年度の前々事業年度をいう。

確認

設問 次の資料により，納付すべき消費税額を計算しなさい。なお，当期中に中間納付税額として840,000円を納付している。

当期中の税込課税売上高	109,340,000円
当期中の輸入仕入高に係る消費税	300,000円
当期中の税込課税仕入高	66,000,000円
基準期間における課税売上高	50,000,000円

解答 (1) 納税義務の有無の判定　　50,000,000円＞10,000,000円　∴ 納税義務あり。

(2) 課税標準額　　$109,340,000円 \times \frac{100}{110} = 99,400,000円$

(3) 消費税額　　99,400,000円 ×7.8％＝7,753,200円

(4) 控除税額（控除対象仕入税額）$66,000,000円 \times \frac{7.8}{110} + 300,000円 = 4,980,000円$

(5) 差引税額　　7,753,200円－4,980,000円＝2,773,200円
（100円未満切捨）

(6) 中間納付額　　840,000円

(7) 納付税額　　2,773,200円－840,000円＝1,933,200円

第 2 章 通則

1 納税義務者

(1) 国内取引

事業者は，国内において行った課税資産の譲渡につき，消費税を納める義務がある。

(2) 外国貨物

外国貨物を保税地域から引き取る者は，消費税を納める義務がある。

> **(注1)** 外国貨物とは，関税法に定める外国貨物をいい，輸出の許可を受けた貨物及び外国から本邦に到着した貨物で輸入が許可される前のものをいう。
> **(注2)** 免税事業者や個人が輸入する場合であっても，納税義務者となる。
> **(注3)** 保税地域は第3章3（P. 12）を参照。
> **(注4)** 事業者とは，自己の計算において独立して事業を行う個人事業者（事業を営む個人）及び法人をいう。

(3) 資産の譲渡等を行った者の実質判定

法律上の資産の譲渡等を行った者が単なる名義人であって，その資産の譲渡等に係る対価を享受せず，その者以外の者がその資産の譲渡等に係る対価を享受する場合には，その資産の譲渡等は，その対価を享受する者が行ったものとして，消費税法の規定を適用する。

(4) 人格のない社団等に対する課税

人格のない社団等は法人とみなされ，消費税の納税義務者となる。人格のない社団等とは，法人でない社団又は財団で代表者又は管理人の定めがある者をいう。

2 確定申告・納付

(1) 確定申告及び納付

消費税の納税義務者である事業者は，課税期間終了の日の翌日から，原則として，2か月以内に納税地の所轄税務署長に確定申告書を提出し，消費税額を納付しなければならない。

なお，個人事業者の各課税期間に係る確定申告書の提出期限は，翌年3月31日となる。

(2) 課税期間の中途において死亡した場合

消費税の納税義務者である事業者が，課税期間の中途において死亡した場合において，その課税期間分の消費税について確定申告書を提出しなければならない場合に該当するときは，その相続人は，相続の開始があったことを知った日の翌日から4か月以内に，納税地の所轄税務署長に確定申告書を提出し，消費税額を納税しなければならない。

> **(参考1)** 確定申告書の提出期限延長について
> 確定申告書を提出すべき法人が，確定申告書の提出期限を延長する旨を記載した届出書を，納税地の所轄税務署へ提出した場合には，その提出した日の属する課税期間以後の課税期間にかかる確定申告書の提出期限は，その課税期間の末日の翌日から三月を経過する日とされる。
> **(参考2)** 大法人の電子申告義務化について
> その事業年度開始の日時における資本金の額等が一億円を超える法人（外国法人を除く。）その他一定の特定法人である事業者（免税事業者を除く。）は確定申告書等の提出について電子情報処理組織（e-Tax）を利用する方法により行わなければならない。

3 還付

課税事業者は，その課税期間分の消費税につき控除税額の控除不足額又は中間納付額の控除不足額

がある場合には，確定申告書の提出義務が無い場合においても，消費税の還付を受けるための申告書を所轄税務署長に提出することができる。なお，本取扱いは，中間申告においては適用がない。

4 中間申告・納付

事業者は，直前の課税期間の年税額に応じて次のとおり中間申告をし，一定の金額を納付しなければならない。なお，それぞれ仮決算に基づいて行うこともできる。

(1) **直前の課税期間の年税額が 4,800万円を超える事業者**

次の場合にはその課税期間開始の日以後 1 月を経過した日から 2 月以内ごとに，直前の確定消費税の額の12分の 1 相当額を申告し，納付しなければならない。

$$\frac{\text{直前の課税期間の消費税額}}{12} > 4,000,000 \text{円}$$

(2) **直前の課税期間の年税額が 400万円を超え 4,800万円以下の事業者**

次の場合には直前の確定消費税の額の 4 分の 1 相当分の税額を，次の①～③のそれぞれの期限までに申告し，納付しなければならない。

$$\frac{\text{直前の課税期間の消費税額}}{12} > 1,000,000$$

① その課税期間開始の日以後 3 月を経過した日から 2 月以内
② その課税期間開始の日以後 6 月を経過した日から 2 月以内
③ その課税期間開始の日以後 9 月を経過した日から 2 月以内

(3) **直前の課税期間の年税額が48万円を超え 400万円以下である事業者**

次の場合には，直前の確定消費税の額の 2 分の 1 相当分の税額を，その課税期間開始の日以後 6 月を経過した日から 2 月以内に申告し，納付しなければならない。

$$\frac{\text{直前の課税期間の消費税額}}{12} \times 6 > 240,000$$

(4) **直前の課税期間の年税額が48万円以下である事業者**

原則として中間申告をする必要はないが，任意の中間申告（年 1 回）が可能である。

(5) **直前の課税期間の消費税額につき，修正申告等の事由が生じた場合**

直前の課税期間に係る消費税額について，修正申告書を提出した場合，又は更正の請求その他の事由が生じた場合には，各中間申告の対象期間中に確定した消費税額によって中間申告分の消費税額を計算する。

例題

甲株式会社（以下「甲社」という。）は課税事業者であるが，前課税期間に係る消費税額（当該期間の中間申告税額の計算の基礎となる消費税額）は次のとおりである。下記資料に基づき，甲社の令和 6 年 4 月 1 日から令和 7 年 3 月31日までの課税期間における消費税の中間申告額を計算し，確定した消費税額から控除できる中間申告分の消費税額を計算しなさい。甲社は仮決算による中間申告書の提出は行っていない。なお，納付すべき地方消費税の額については計算する必要はない。

(1) 当初申告分（期限内申告）　　3,000,000円
(2) 修正申告分　　　　　　　　　1,200,000円（令和 6 年 8 月23日提出）
(3) 更正の請求分　　　　　　　　　 180,000円（令和 6 年12月 7 日提出）

(1) 第1四半期

$$\frac{3,000,000}{12} \times 3 > 750,000円 \leqq 1,000,000円$$

∴第1四半期における中間申告は必要なし。

(2) 第2四半期

$$\frac{(3,000,000円+1,200,000円)}{12} \times 3 = 1,050,000円 > 1,000,000円$$

∴第2四半期における中間申告は必要である。納税額は1,050,000円となる。

(3) 第3四半期

$$\frac{(3,000,000円+1,200,000円-180,000円)}{12} \times 3 = 1,005,000円 > 1,000,000円$$

∴第3四半期における中間申告は必要である。納税額は1,005,000円となる。

(4) 合計

確定した消費税額から控除できる中間申告分の消費税額は2,055,000円となる。

5 外国貨物の引取者の申告・納付

外国貨物の引取者は，保税地域から引き取る時までに，その所轄税関長に引取りに係る消費税額を申告し，納付しなければならない。

6 納 税 地

納税地とは，納税義務者が申告，納付，異議の申立て等をどこの税務署長にしたらよいのか，また，納税義務者に対してどこの税務署長が更正，決定等をするのかを判定する基準となる場所をいう。納税地は，原則として，次のようになる。

Ⅰ 国内取引に係る納税地

(1) 個人事業者の納税地

① 国内に住所を有する場合には，その住所地

② 国内に住所を有せず，居所を有する場合には，その居所地

③ 国内に住所及び居所を有せず，事務所等を有する場合には，その事務所等の所在地

(2) 法人の納税地

① 内国法人の場合は，その本店又は主たる事務所の所在地

② 外国法人（内国法人以外の法人）で国内に事務所等を有する法人の場合は，事務所等の所在地

Ⅱ 輸入取引に係る納税地

保税地域から引き取られる外国貨物に係る納税地は，その保税地域の所在地

7 課税期間等

(1) 課税期間

課税期間とは，納付する消費税額の計算の基礎となる期間で，個人事業者は暦年（1月1日から12月31日）（注），法人は事業年度となる。なお，課税期間を3カ月毎又は1カ月毎に短縮又は，短縮した課税期間を変更する特例がある。

(注) 個人事業者が年の中途において新たに事業を開始した場合，又は廃業した場合においても，課税期間は暦年とされる。

(2) **課税期間の特例**

　　課税期間は，3ヶ月毎又は1ヶ月毎に短縮又は変更することができる。この場合，「課税期間特例選択・変更届出書」を納税地の所轄税務署長に提出しなければならない。届出書を提出した場合には，届出書の提出があった日の属する課税期間の翌期間の初日以後から，その効力が生じる。

> **(参考)** 課税期間の特例選択を止めようとするときは，「課税期間特例選択不適用届出書」を納税地の所轄税務署長に提出しなければならない。届出書を提出した場合には，その届出をした日の属する課税期間の末日の翌日以後に，「課税期間特例選択・変更届出書」はその効力を失うこととなる。

(3) **基準期間**

　　基準期間とは，個人事業者についてはその年の前々年をいい，法人については原則としてその事業年度の前々事業年度をいう。ただし，前々事業年度が1年未満の場合には，その事業年度開始の日の2年前の日の前日から，その日以後から1年を経過する日までに開始する各事業年度の月数を合わせた期間が期準期間となる。

8 中小規模事業者に対する取扱い

(1) **免税事業者**

　　基準期間の課税売上高が1,000万円以下の事業者は，免税事業者となり，消費税の申告を免除される。

　　ただし，原則として法人の前事業年度開始の日から6ヶ月間の課税売上高及び同期間中に支払った給与等の合計額（個人事業者については前年1月1日から6月30日までの課税売上高又は給与等の合計）のいずれも，1,000万円を越える場合には，消費税の申告は免除されない。

　　なお，消費税の還付が発生すると見込まれる事業者は，選択により課税事業者になり（第5章1(3)参照），確定申告をすることにより還付を受けることもできる。

(2) **簡易課税制度**

　　基準期間の課税売上高が5,000万円以下の課税事業者については，課税売上高に対する消費税額から控除することができる課税仕入等の消費税額について，簡便的な方法により計算することができる仕入税額控除の特例（簡易課税制度）を選択することができる。（詳細は第8章）

> **(注)** 「課税売上高」とは，消費税が課税される取引の売上金額（消費税の額を除く）の合計額から，その取引に係る売上返品，売上値引き，売上割戻し等に係る金額（消費税の額を除く）の合計額を控除した残額をいう。

9 帳簿の備え付け等

　　課税事業者又は特例輸入者は，帳簿を備え付けてこれにその行った資産の譲渡等又は課税仕入れ若しくは課税貨物の保税地域からの引き取りに関する事項を記録し，かつ，その帳簿を保存しなければならない。

確認

設問 次の空欄に，適切な語句を記入しなさい。

(1) 消費税の納税義務者である事業者は，[　　　　]の終了の日の翌日から[　　　]以内に納税地の所轄税務署長に確定申告書を提出し，消費税額を納付しなければならない。

　　なお，個人事業者の各課税期間に係る確定申告書の提出期限は，翌年[　]月[　]日である。

解答 課税期間，2か月，3月31日

設問 (2) 課税期間とは，納付する消費税額の計算の基礎となる期間で，個人事業者は暦年，法人は[　　　　]とされる。

解答 事業年度

設問 (3) 基準期間とは，個人事業者についてはその年の[　　　　]をいい，法人についてはその事業年度の[　　　　]事業年度をいう。

解答 前々年，前々

設問 (4) 基準期間の課税売上高が[　　　]万円以下の事業者は，[　　　　]事業者となり，消費税の申告を免除される。

解答 1,000，免税

設問 次に掲げるものが，本年又は本年度の消費税について免税事業者に該当するものを番号で答えなさい。（納税義務の免除の特例は考慮しなくて良い）

《課税売上高》

(1) A（個人）　本　年　4,000万円　　前　年　3,500万円　　前々年　3,200万円
(2) B（個人）　本　年　2,800万円　　前　年　1,200万円　　前々年　　900万円
(3) C（個人）　本　年　2,400万円　　前　年　2,300万円　　前々年　3,800万円
(4) D（個人）　本　年　2,800万円　　前　年　4,300万円　　前々年　4,500万円
(5) E（法人）　本年度　1,600万円　　前年度　1,400万円　　前々年度　　700万円
(6) F（法人）　本年度　　900万円　　前年度　2,300万円　　前々年度　3,300万円

解答 B、E

設問 次の資料から課税売上高を計算しなさい。なお，金額はすべて消費税（10%）込みの金額である。

(1) 総 売 上 高　　　50,336,000円
(2) 売 上 返 品 高　　　286,836円
(3) 売 上 値 引 高　　　191,224円

解答 (1) 売 上 金 額　　$50,336,000円 \times \dfrac{100}{110} = 45,760,000円$

(2) 売上返品等の額　　$(286,836円 + 191,224円) \times \dfrac{100}{110} = 434,600円$

(3) 課 税 売 上 高　　$45,760,000円 - 434,600円 = 45,325,400円$

第3章 消費税の対象

消費税の課税対象は，次の2つの取引である。

(1) 国内取引…国内において事業者が行った資産の譲渡等（注）（特定資産の譲渡等に該当するものを除く。）及び特定仕入れ（事業として他の者から受けた特定資産の譲渡等をいう。）

(2) 輸入取引…保税地域からの外国貨物の引取り

なお，上記のいずれかに該当するものでも，一定の取引については非課税又は免税とされ，課税の対象にならないものもある。

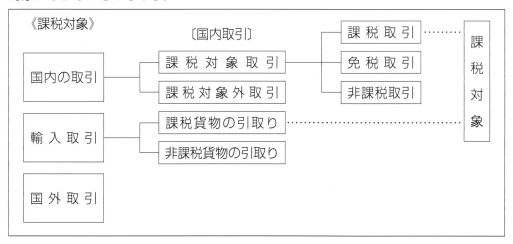

(注) 特定資産の譲渡等とは，事業者向電気通信利用役務の提供及び特定役務の提供をいう。

1 国内取引に係る課税対象取引

国内取引として課税の対象になるものは，次の4つの要件のすべてを満たす取引をいう。

① 国内において行うものであること

② 事業者が事業として行うものであること

③ 対価を得て行うものであること

④ 資産の譲渡，資産の貸付け又は役務の提供であること

なお，消費税法では②〜④の要件を満たすものを「資産の譲渡等」といい，資産の譲渡等の時期は，原則として，引渡しのあった日とされる。引渡しのあった日とは，引渡基準または発生主義により判定する。

(1) 国内において行うものであること

消費税は，国内で消費される財貨やサービスに対して税負担を求めるものであるので，国外で行われる取引は課税の対象とはならない。

資産の譲渡等が国内で行われたかどうかの判定は，次の区分に応じ，それぞれに定める場所が国内にあるかどうかにより行う。

① 資産の譲渡又は貸付けである場合

資産の譲渡又は貸付けについては，原則として，その譲渡又は貸付けが行われる時において，その資産が所在していた場所が国内であるかどうかにより判定する。

② 役務の提供である場合

　　役務の提供については，原則として，役務の提供が行われた場所が国内にあるかどうかにより判定する。国際電話など一方が国外において行われるものも国内取引となる。

　③　金融取引である場合

　　利子を対価とする貸付けその他預金又は貯金の預入れ等の行為が国内で行われたかどうかの判定は，その貸付け等の行為を行う者の貸付け等の行為に係る事務所等の所在地が国内にあるかどうかにより判定する。

(2)　**事業者が事業として行うものであること**

　「事業者」とは，事業を行う個人及び法人をいい，「事業として行う」とは，対価を得て行われる資産の譲渡等が反復，継続，独立して行われることをいう。

　従って，個人である事業者が，生活用の資産を譲渡した場合は，事業として行うものには，該当しない。

　なお，事業活動の一環として，又はこれに関連して行われる行為は，資産の譲渡等に該当する。例えば，次の行為は資産の譲渡等となる。

　①　職業運動家，作家，映画・演劇等の出演者等で事業者に該当するものが，対価を得て行う他の事業者の広告宣伝のための役務の提供

　②　職業運動家，作家等で事業者に該当するものが，対価を得て行う催物への参加又はラジオ，テレビ放送等に係る出演その他これらに類するもののための役務の提供

　③　事業の用に供している建物，機械等の売却等

(3)　**対価を得て行うものであること**

　「対価を得て行うもの」とは，資産の譲渡等に対して反対給付を受けることをいうので，無償による資産の譲渡及び貸付け並びに役務の提供は，原則として，課税の対象とはならない。

　従って，事業者が自ら行う広告宣伝又は試験研究等のために商品，原材料等を使用，消費する行為は，課税の対象とはならない。

　受取保険金，受取配当金（出資に係るものに限る），心身又は資産につき加えられた損害の発生に伴い受ける損害賠償金は，資産の譲渡等に係る対価に該当しない。

　また，相殺は，相互の債務の消滅であり，反対給付を伴わないので，「対価を得て行うもの」には該当しない。

(4)　**資産の譲渡若しくは貸付け又は役務の提供であること**

　①　資産の譲渡の場合

　　資産の譲渡とは，棚卸資産又は固定資産のような有形資産のほか，権利その他の無形資産等，取引の対象となる一切の資産を，その同一性を保持しつつ，他人に移転させることをいい，資産の交換も含まれる。

　②　資産の貸付けの場合

　　資産の貸付けとは，賃貸借契約，消費貸借等の契約により資産を貸付けることをいい，資産に係る権利の設定，その他他の者に資産を使用させる一切の行為を含む。

　③　役務の提供の場合

　　役務の提供とは，土木工事，修繕，運送，保管，印刷，広告，仲介，興行，宿泊，飲食，技術援助，情報の提供，便益，出演，著述その他のサービスを提供することをいい，弁護士，公認会計士，税理士，作家，スポーツ選手，映画監督，棋士等による専門的知識，技能等に基づく役務の提供もこれに含まれる。

(5)　**事業者向け電気通信利用役務の提供（特定仕入れ）**

　①　電気通信利用役務の意義

　　電気通信回線（インターネット等）を介して国内の事業者・消費者に対して行われる電子書籍の配信等の著作物やその他役務の提供をいう。

② 国内取引の判定

電気通信利用役務の提供が国内において行われたどうかの判定は，原則として役務の提供を受ける者の住所等または本店等の所在地により行う。このことから，国外事業者から国内の者に対して電気通信利用役務の提供がされた場合には，国内において行われた取引として消費税が課税される。

③ 課税方式（リバースチャージ方式）

国境を越えた役務の提供に対する消費税課税は，特定資産の譲渡等（国外事業者が行う電気通信利用役務の提供）のうち，その役務の性質又はその役務の提供に係る契約条件等により，その役務の提供を受ける者が事業者であることが明らかなもの（特例仕入れ）について，その取引に係る消費税の納税義務が，その役務の提供を受ける事業者とされる。

(注) 国外事業者とは，所得税法に規定する非居住者である個人事業者及び法人税法に規定する外国法人をいう。

確認

設問 次の空欄に適切な語句を記入しなさい。

国内取引として課税の対象になるものは，次の4つの要件のすべてを満たす取引をいう。

① ［　　　　］において行うものであること。

② 事業者が［　　　　］として行うものであること。

③ ［　　　　］を得て行うものであること。

④ 資産の譲渡，資産の［　　　　］又は役務の［　　　　］であること。

解答 国内，事業，対価，貸付け，提供

2 国内取引として課税される「資産の譲渡等」の範囲

(1) 資産の譲渡等に含まれるもの

国内取引として課税される資産の譲渡等の範囲は，「事業として対価を得て行われる資産の譲渡及び貸付け（資産に係る権利の設定その他他の者に資産を使用させる一切の行為を含む。）並びに役務の提供」であり，これには次のようなものを含む。

① 金銭以外の資産の出資

② 貸付金その他の金銭債権の譲受けその他の継承

③ 不特定かつ多数の者によって直接受信されることを目的とする無線通信の送信で，法律により受信者がその締結を行わなければならないこととされている契約に基づき受信料を徴収して行われるもの

④ 資産の交換，代物弁済

⑤ その性質上事業に付随して対価を得て行われる資産の譲渡及び貸付け並びに役務の提供

ただし，個人事業者の行う次に掲げるような資産の譲渡は，事業のために行うものであっても，「その性質上事業に付随して対価を得て行われる行為」には含まれない。

イ．事業用資金の取得のために行う家事用資産の譲渡

ロ．事業用資産の仕入代金に係る債務又は事業用に借り入れた資金の代物弁済として行われる家事用資産の譲渡

(2) 資産の譲渡とみなされるもの

次のものは「対価を得て行われる資産の譲渡」とみなされる。

① 個人事業者が棚卸資産又は棚卸資産以外の資産で事業の用に供していたものを家事のために消

費し，又は使用した場合におけるその消費又は使用
② 　法人が資産をその役員（法人税法に規定する役員をいう。）に対して贈与した場合におけるその贈与
③ 　事業者が収用法その他の法律の規定に基づいてその所有権その他の権利を収用され，かつ，その権利を取得する者から権利の消滅に係る補償金（対価補償金）を取得した場合
④ 　電気通信利用役務の意義
　　電気通信回線（インターネット等）を介して国内の事業者・消費者に対して行われる電子書籍の配信等の著作物やその他役務の提供をいう。

(3)　資産の譲渡等の具体的判定

① 　親族間の取引
　　個人事業者が生計を一にする親族との間で行った資産の譲渡等であっても，それが事業として対価を得て行われるものであるときは，資産の譲渡等に該当する。
② 　保険金，共済金等
　　保険金又は共済金等は，保険事故の発生に伴い受けるものであるので，資産の譲渡等には該当しない。
③ 　損害賠償金
　　心身又は資産につき加えられた損害の発生に伴い受けるものは，資産の譲渡等に該当しない。
　　棚卸資産の販売その他使用料又は賃貸料に相当する，収益に代わる性格を持つものは資産の譲渡等に該当する。
④ 　剰余金の配当等
　　剰余金の配当，利益の配当，剰余金の分配等は，株主等たる地位に基づき，出資に対する配当又は分配として受けるものであるので，資産の譲渡等に該当しない。
⑤ 　イ．寄附金，祝金，見舞金等，　ロ．補助金，奨励金，助成金等，　ハ．借家保証金，権利金等，　ニ．会費，組合費等，　ホ．入会金等，　ヘ．賞金等その他一定のものは，原則として，資産の譲渡等に該当しない。

3 外国貨物の範囲

　課税の対象である「保税地域から引き取られる外国貨物 (注)」とは，外国から国内に到着した貨物で，保税地域から引き取られるもの等をいう。

　なお，保税地域において外国貨物が消費され，又は使用された場合には，その消費又は使用した者がその消費又は使用の時にその外国貨物をその保税地域から引き取るものとみなされる。

　ただし，その外国貨物が課税貨物（外国貨物のうち，消費税が非課税とされるもの以外のものをいう。）の原料又は材料として消費され，又は使用された場合等は除かれる。

> **(注)** 保税地域とは関税法に規定する保税地域をいい，具体的には，指定保税地域，保税蔵置場，保税工場，保税展示場および総合保税地域をいう。このうち指定保税地域とは，国等，新東京国際空港公団または港湾施設の管理等を行う法人等が所有，管理する土地，建設物その他の施設で，関税手続や外国貨物の積卸，運搬，一時的保存ができる場所として，財務大臣が指定した地域をいう。

確認

設問 次に掲げる取引のうち，課税対象取引に該当するものを選びなさい。
　⑴ 　個人事業者が，国内において生活用の器具を譲渡した場合
　⑵ 　内国法人が外国の支店において商品を販売した場合

(3) 事業者が国内において商品を販売した場合
(4) 事業者が国内において役務の提供を行った場合
(5) 事業者以外の者が所有している美術品を譲渡した場合
(6) 内国法人が受け取った寄附金
(7) 株主が受け取った配当金

解答 (3)、(4)

4 リース取引に係る資産の譲渡等の時期の特例（延払基準）

　事業者がリース譲渡を行った場合において，そのリース譲渡に係る対価の額につき所得税法又は法人税法に規定する延払基準の方法により経理することとしているときは，そのリース譲渡に係る賦払金の額でそのリース譲渡をした日の属する課税期間においてその支払の期日が到来しないもの（その課税期間において支払を受けたものを除く。）に係る部分については，その事業者がその課税期間において資産の譲渡等を行わなかったものとみなして，その部分に係る対価の額をその課税期間におけるそのリース譲渡に係る対価の額から控除することができる。

5 工事の請負に係る資産の譲渡等の時期の特例（工事進行基準）

(1)　所得税法や法人税法における長期大規模工事に該当する工事（ソフトウェアの開発を含む。）の請負につき，その請負に係る対価の額につき工事進行基準を採用している場合には，総収入金額または益金の額に算入された期間を，資産の譲渡等の時期とすることができる。

> **(注)** 長期大規模工事とは，その着工の日から目的物の引渡しの日までの期間が1年以上であり，その対価の額が10億円以上，その他所定の要件を満たす工事をいう。

(2)　(1)に該当しない工事の請負のうち，着工の年度にその引渡が行なわれないものについては，所得税法または法人税法において工事進行基準の方法又は工事完成基準の方法のいずれかの方法を採用することができるが，消費税法についても採用された処理方法により経理している時は，総収入金額または益金の額に算入された時期を資産の譲渡等の時期とすることができる。

> **(注)** 工事進行基準とは，その年度における工事の進行程度により収益費用を計算する方法で，工事完成基準とは，その年度における完成した工事の収益費用を計算する方法である。

6 小規模事業者に係る資産の譲渡等の時期の特例

　所得税法においては，事務負担軽減のために，一定規模以下の小規模事業者に対して，現金主義により所得計算を行うことが認められている。そのため，消費税法上も同様に，資産の譲渡等の時期の特例を認められている。

7 収納基準による資産の譲渡等の時期の特例

　収納基準は国や地方公共団体に対して認められている資産の譲渡等の時期の特例で，国の歳入が収納基準により，歳出が支払基準により会計処理が行われている実態に合わせるために，消費税法においても同様に資産の譲渡等の時期の特例を認めている。

第 **4** 章 非課税取引と免税取引

第1節 非課税取引

　国内において行われる資産の譲渡等のうち，消費に負担を求める消費税としての性格から，課税の対象とすることになじまないものや社会政策的な配慮から課税することが適当でないものとして一定の取引については，非課税取引として消費税を課税しないこととされている。

1 国内取引

(1) 消費税の性格から課税の対象とすることになじまないもの

　① 土地（土地の上に存する権利を含む。）の譲渡及び貸付け（一時的に使用させる場合等を除く。）

> **（注1）** 「土地の上に存する権利」とは，地上権，賃借権等をいい，鉱業権，土石採取権等はこれに含まれない。
> **（注2）** 土地の貸付けのうち，貸付けに係る期間が1か月に満たない場合及び駐車場その他の施設（建物，野球場，プール，テニスコート等）の利用に伴って土地が使用される場合には，課税取引となる。
> 　なお，事業者が駐車場又は駐輪場として土地を利用させた場合において，その土地につき駐車場又は駐輪場としての用途に応じる地面の整備又はフェンス，区画，建物の設置等をしていないとき（駐車又は駐輪に係る車両又は自転車の管理をしている場合を除く。）は，その土地の使用は，土地の貸付けに含まれ，非課税となる。

　② 有価証券等及び支払手段等の譲渡

> **（注1）** 有価証券とは，金融商品取引法に規定する株券，国債証券，地方債証券，社債等をいい，船荷証券，貨物引換証，倉庫証券，株式等の形態によるゴルフ会員権等は含まない。（ゴルフ場利用株式等はその譲渡が非課税とされる有価証券等から除かれておりその譲渡は課税とされる。）
> **（注2）** 支払手段とは，銀行券，硬貨，小切手，手形等をいう。
> 　なお，これらの支払手段であっても，収集品及び販売用のものは，課税の対象となる。

　③ 利子を対価とする資産の貸付その他の特定の資産の貸付け及び保険料を対価とする役務の提供等

> **（注）** 次に掲げる利子等を対価とする資産の貸付等は，非課税とされる。
> 　イ．国債，地方債，社債，貸付金，預貯金等の利子
> 　ロ．信用の保証料
> 　ハ．合同運用信託又は公社債投資信託等の信託報酬
> 　ニ．保険料（適格退職年金契約等に係る事務費部分を除く。），共済掛金

　④ 郵便切手類，印紙及び証紙の譲渡

> **（注）** いわゆる収集品たる郵便切手類等の譲渡等は，非課税とはならない。

　⑤ 物品切手等の譲渡

> **（注）** 物品切手等とは，商品券，ビール券，図書券，旅行券等のように物品の給付又は役務の提供に係る請求権等を表彰する証書をいう。
> 　いわゆるプリペイドカードは，物品切手等に該当する。

⑥　国，地方公共団体等が法令に基づき徴収する手数料等に係る役務の提供

> **(注)**　これには登記，登録，証明，住民票，戸籍抄本等の手数料等がある。

⑦　外国郵便為替，外国郵便振替又は外国為替業務に係る役務の提供

(2)　社会政策的な配慮に基づくもの

①　公的な医療保障制度に係る療養，医療，施設療養又はこれらに類するものとしての資産の譲渡等

②　社会福祉事業等及び社会福祉事業等に類する一定のものとして行われる資産の譲渡等

> **(注)**　これには生活保護法にいう救護施設における事業等，老人福祉法にいう養護老人ホームを経営する事業等がある。

③　医師，助産婦その他医療に関する施設の開設者による助産に係る資産の譲渡等

④　埋葬料，火葬料を対価とする役務の提供

⑤　身体障害者用物品の資産の譲渡等

⑥　学校，専修学校，各種学校及び職業訓練学校等の授業料，入学・入園検定料，入学金及び施設設備費などに関する役務の提供

> **(注)**　これには修学期間が1年以上，その1年の授業時間数が680時間その他の要件がある。

⑦　教科用図書の譲渡

> **(注)**　非課税となる教科用図書は，小学校，中学校，高等学校，特殊教育において文部科学大臣の検定を受けた教科用図書及び文部省が著作の名義を有する教科用図書に限られる。

⑧　住宅の貸付け（一時的に使用させる場合等を除く。）

> **(注1)**　住宅と店舗又は事務所等の事業的施設が併設されている建物の貸付けは，住宅部分のみが非課税となる。
> **(注2)**　「住宅の貸付け」とは，契約において人の居住の用に供することが明らかにされているものに限られ，その貸付けに係る期間が1月に満たない場合及びその貸付けが旅館業に係る施設の貸付けに該当する場合（旅館，ホテル，簡易宿泊所等）は除かれる。

2 非課税となる外国貨物

国内における非課税取引とのバランスを図るため，保税地域から引き取られる外国貨物のうち，次のものが非課税となる。

(1)　有価証券等及び支払手段等

(2)　郵便切手類

(3)　印紙

(4)　証紙

(5)　物品切手等

(6)　身体障害者用物品

(7)　教科用図書

第 2 節　免税取引

次のような取引は，免税取引として消費税が免除される。

(1)　本邦からの輸出として行われる課税資産の譲渡等

　　これには，物品の輸出のほか国際運輸，国際通信，国際郵便などが該当する。

(2)　国内外にわたり行われる旅客運送

(3)　外航船舶等の譲渡・貸付，外航船舶等に対し行われる一定の役務の提供等，輸出物品販売場（いわゆる「免税店」）における輸出物品の譲渡

(4)　外航船等に積み込む物品（船用品，機用品）の譲渡

(5)　外国公館等に対する課税資産の譲渡等

(6)　海軍販売所等に対する物品の譲渡

(7)　外国貨物の譲渡・貸付，外国貨物の荷役・運送・保管・検数等の役務の提供

(8)　その他一定の取引

> **(注)**　輸出取引の取扱い
> 輸出取引については，売上げに係る消費税が免除されているため課税標準に算入する必要はなく，その売上にかかる課税仕入れについて課される消費税は，仕入れに係る消費税額の控除の規定の適用がある。なお，課税売上割合については，分母及び分子双方に算入することになる。

確認

設問　次に掲げる取引のうち，課税対象外取引と非課税取引を選びなさい。

(1)　郵便局で切手を販売した場合

(2)　事業者以外の個人が土地を譲渡した場合

(3)　不動産業者が土地を販売した場合

(4)　不動産業者が建物を販売した場合

(5)　株式を譲渡した場合

(6)　住居用に賃借した建物の使用料を受け取った場合

(7)　事業者が収集品とした切手を譲渡した場合

(8)　事業者が商品である食料品を販売した場合

解答

課税対象外取引	(2)			
非 課 税 取 引	(1)	(3)	(5)	(6)

第5章 小規模事業者に係る納付義務の特例等

1 小規模事業者に係る納付義務の特例

(1) 概 要

　国内取引を行う事業者のうち，その課税期間の基準期間における課税売上高が1,000万円以下の者については，その課税期間中に国内において行った課税資産の譲渡等及び特定課税仕入につき，納税義務が免除される。ただし，課税事業者を選択している事業者等は除く。

> **(注)** 課税期間……個人事業者は暦年，法人は事業年度
> 基準期間……個人事業者についてはその年の前々年，法人についてはその事業年度の前々事業年度をいう。
> ただし，その前々事業年度が1年未満である場合には，その事業年度開始の日の2年前の日の前日から同日以後1年を経過する日までの間に開始した各事業年度を合わせた期間とする。

(2) 基準期間における課税売上高

　基準期間における課税売上高とは，基準期間が1年である事業者については，基準期間中に国内において行った「課税資産の譲渡等の対価の額（注）の合計額」から「売上対価の返還等の金額（売上げにつき返品を受け，又は値引き若しくは割戻し等をした金額で消費税抜きの金額）の合計額」を控除した金額をいう。

　基準期間が1年でない法人については，基準期間中に国内において行った「課税資産の譲渡等の対価の額（同上）の合計額」から売上対価の返還等の金額（同上）の合計額」を控除した残額を，その基準期間に含まれる事業年度の月数の合計数で除し，これに12を乗じて計算（年換算）した金額とする。

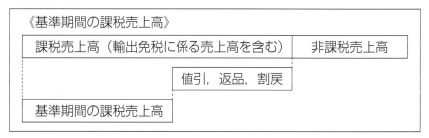

> **(注)** 免税事業者期間中については，税込金額で課税事業者期間中については税抜金額となる。

(3) 小規模事業者の納税義務の免除が適用されることとなった場合の届出

　その課税期間の基準期間における課税売上高が1,000万円以下となった事業者は，消費税の納税義務者でなくなった旨の届出書を速やかに納税地の所轄税務署長に提出しなければならない。

(4) 小規模事業者に係る納税義務の免除が適用されなくなった場合の届出

　その課税期間の基準期間における課税売上高が1,000万円を超えることになった場合などに該当する事業者は，消費税課税事業者届出書を速やかに納税地の所轄税務署長に提出しなければならない。

(5) 課税事業者の選択

　消費税を納める義務が免除されることとなる事業者が，その基準期間における課税売上高が1,000万円以下である課税期間につき，その免除の適用を受けない旨を記載した届出書（課税事業者選択届出書）をその納税地の所轄税務署長に提出した場合には，その提出をした事業者がその提出をした日の属する課税期間の翌課税期間（その提出をした日の属する課税期間が事業を開始した

日の属する課税期間である場合には，その課税期間）以後の課税期間（その基準期間における課税売上高が1,000万円を超える課税期間を除く。）中に国内において行う課税資産の譲渡等については，免税の規定を適用しない。

　なお，いったん課税事業者選択届出書を提出した場合には，事業を廃止した場合を除き2年間は課税事業者の選択をやめることはできない。

(6)　調整対象固定資産の仕入れ等をした場合

　調整対象固定資産の仕入れ等をした場合には，課税事業者選択不適用届出書の提出や簡易課税制度選択届出書の提出が一定期間制限される。

　　①　課税事業者を選択した事業者であること

　　②　2年間の強制適用期間内に調整対象固定資産の仕入れ等を行ったこと

　　③　調整対象固定資産の仕入れ等を行った課税期間において一般課税により申告したこと
　　　（調整対象固定資産の仕入れ等を行った日の属する課税期間に，簡易課税制度にて申告している場合には，この規定の対象ではない。）

　上記のいずれにも該当する場合には，調整対象固定資産の課税仕入れ等を行った日の属する課税期間の初日から3年を経過する日の属する課税期間の初日以後でなければ課税事業者選択不適用届出書及び簡易課税選択届出書（詳細は第8章）の提出することができない。従って，調整対象固定資産の課税仕入れ等を行った日の属する課税期間の初日から原則として3年間は免税事業者になることや，簡易課税制度を適用して申告することはできない。本制度は，固定資産の仕入れについて仕入れ等を行った日の属する課税期間の申告が適正であったかどうかを再判定するために導入されたものである。

確認

設問　A法人の前々事業年度（基準期間）の税込みの課税売上高が46,580,000円（輸出免税に係る売上高5,000,000円を含み，値引高7,040,000円を控除する前）である場合，当期の納税義務の有無の判定をしなさい。なお，A法人は設立以来，事業年度は1年間である。

解答　(1)　課税売上高

　　　①　輸出免税売上高を除く課税売上高

$$(46,580,000円 - 5,000,000円) \times \frac{100}{110} = 37,800,000円$$

　　　②　値引高（消費税抜きの金額）　　　$7,040,000円 \times \frac{100}{110} = 6,400,000円$

　　　③　①－②＝31,400,000円

　　(2)　輸出免税売上高　　5,000,000円

　　(3)　納税義務の有無の判定　　31,400,000円＋5,000,000円＞10,000,000円

∴　納税義務あり

2　特定期間における課税売上高による納税義務の免除の特例

特定期間中における課税売上高^(注)が1,000万円を超える場合には課税事業者となる。特定期間とは，

　　個人事業者の場合：その年の前年1月1日から6月30日までの期間

　　法人の場合　　　　：その事業年度の前事業年度開始の日以後6月の期間

ただし，前事業年度が1年でない場合にはこの限りでない。

> **(注)**　課税売上高に代えて，特定期間中に居住者に対して支払われた給与等により判定することができる。ただし，国外事業者については，令和6年10月1日以後開始する課税期間より給与等による判定は認められなくなる。

3 相続があった場合の納税義務の免除の特例

その課税期間の基準期間における課税売上高が1,000万円以下である事業者で，相続により事業を承継した場合には，次の区分に応じて被相続人の基準期間における課税売上高を加味して納税義務の有無を判定する。
① 相続開始年の取扱い
相続人の基準期間における課税売上高が1,000万円以下であったとしても，被相続人の基準期間における課税売上高が1,000万円を超える場合には相続開始の日の翌日から課税事業者となる。
② 翌年，翌々年の取扱い
相続人の事業にかかる基準期間における課税売上高が1,000万円以下であったとしても，相続人及び被相続人の基準期間における課税売上高の合計額が1,000万円を超える場合には課税事業者となる。

(1) 納税義務の判定

例題

個人事業主である甲（以下「甲」）は，令和6年8月15日に父の事業を相続で承継した。次の資料に基づき，甲の令和6年における消費税の納税義務の判定及び課税売上高の取扱いについて計算しなさい。
＜資料＞
(1) 甲の各年における課税売上高（税抜金額）
① 令和6年　9,650,000円
（内訳：1/1～8/15　4,125,000円　8/16～12/31　5,525,000円）
② 令和5年　6,470,000円
③ 令和4年　7,450,000円
④ 令和3年　5,750,000円
(2) 甲の父の各年における課税売上高（税抜金額）
① 令和6年　7,800,000円（1/1～8/15）
② 令和5年　8,830,000円
③ 令和4年　12,000,000円
④ 令和3年　9,130,000円
なお，甲は，消費税課税事業者選択届出書の提出は行っていない。

---

① 原則
甲の基準期間（令和4年）の課税売上高7,450,000円が10,000,000円以下であるため，消費税法第9条第1項「小規模事業者に係る納税義務の免除」の規定が適用される。
② 特例
甲の父の基準期間（令和4年）の課税売上高12,000,000円が10,000,000円を超えているため，令和6年8月16日から12月31日までの課税売上高については，消費税法第10条第1項「相続があった場合の納税義務の免除の特例」の規定により，消費税を納める義務がある。
(2) 課税売上高の取扱い
① 令和6年1月1日から8月15日までの課税売上高4,125,000円については，課税されない。

② 令和6年8月16日から12月31日までの課税売上高5,525,000円については，課税される。

4 合併があった場合の納税義務の有無の判定

合併法人の合併の日以後は，合併法人単体での課税売上高による判定の他，被合併法人の課税売上高による判定も行う。また，合併事業年度の翌事業年度以後は，合併法人の課税売上高と被合併法人の課税売上高との合計額により納税義務の有無を判定する。

合併法人とは，合併により存続する又は設立される法人をいい，被合併法人とは合併により消滅する法人をいう。

5 会社分割等があった場合の納税義務の有無の判定

会社分割等があった場合には，分割法人及び分割承継法人それぞれについて分割する前の事業規模を考慮して納税義務の有無を判定するので，課税売上高の計算が特殊な計算となる。なお，分割承継法人とは，分割により分割法人の事業を承継した法人をいい，分割法人とは，分割をした法人をいう。

6 基準期間がない法人の納税義務の免除の特例

その課税期間の基準期間がない事業者（新規開業事業者）は，原則として，その課税期間の納税義務はない。

ただし，新設法人（その事業年度開始の日における資本金又は出資金の金額が1,000万円以上である法人）については，基準期間がない課税期間における課税資産の譲渡等及び特定課税仕入れについて納税義務は免除されない。

7 特定新規設立法人の納税義務の免除の特例

5億円超の基準期間における課税売上高を有する事業者が，直接又は間接に支配する法人を設立した場合には，その設立された法人の当初2年間については，たとえ資本金の額が1,000万円に満たない場合であっても，資本金1,000万円以上の新設法人と同様に，納税義務は免除されない。具体的には，新設開始日において特定要件に該当しており，その支配する法人等（判定対象者）のいずれかの基準期間における課税売上高が5億円を超える場合には，特定新規設立法人に該当することとされている。なお，特定要件とは，新規設立法人が他の者により株式等の保有される割合が50%超となる状態をいう。

8 高額特定資産を取得した場合等の納税義務の免除の特例

事業者が，事業者免税点制度および簡易課税制度の適用を受けない課税期間中に，高額特定資産の課税仕入れまたは高額特定資産に該当する課税貨物の保税地域からの引取り（以下「高額特定資産の仕入れ等」という。）を行った場合には，その高額特定資産の仕入れ等の日の属する課税期間の翌課税期間から，その高額特定資産の仕入れ等の日の属する課税期間の初日以後3年を経過する日の属する課税期間までの各課税期間においては，納税義務は免除されない（注）。

（注）「高額特定資産」とは，一の取引の単位につき，課税仕入れに係る支払対価の額（税抜金額）が 1,000 万円以上の棚卸資産または調整対象固定資産をいう。ただし，金または白金の地金等の購入については，一の取引単位ではなく，その課税期間中における課税仕入れ等の合計額が 200 万円以上である場合に，本特例の対象となる。

第 6 章 課税標準及び税率

1 国内取引に係る消費税の課税標準

(1) 原　則

　　国内取引に係る消費税の課税標準は，課税資産の譲渡等の対価の額をいう。

　　課税資産の譲渡等の対価の額は，課税資産の譲渡等の対価の額として収受し，又は収受すべき一切の金銭又は金銭以外の物，権利その他の経済的な利益の額とし，その課税資産の譲渡等につき課されるべき消費税額及び当該消費税額を課税標準として課されるべき地方消費税額に相当する金額を含まない額をいう。

　　「金銭以外の物，権利その他の経済的な利益の額」とは，その物若しくは権利を取得し，又はその利益を享受する時における価額をいう。

(2) 特　例

　イ．法人が資産をその役員に譲渡した場合において，その譲渡対価の額が譲渡の時における資産の価額に比し著しく低いときは，その価額に相当する金額がその対価の額とみなされる。

　　　この「資産の価額に比し著しく低いとき」とは，その対価の額が，その譲渡の時における通常他に販売する価額のおおむね50％に相当する金額に満たない場合をいう。

　　　なお，その資産が棚卸資産である場合において，その資産の譲渡金額が次の**いずれの要件も満たすとき**は，「資産の価額に比し著しく低いとき」には該当しないものとして取り扱われる。

　　　　ａ．その資産の課税仕入れの金額以上であること
　　　　ｂ．通常他に販売する価額のおおむね50％以上であること

　　　　　ただし，法人が資産を役員に対し著しく低い価額により譲渡した場合においても，その資産の譲渡が，役員及び使用人の全部につき，一律又は勤続年数等に応ずる合理的な基準により，普遍的に定められた値引率に基づいて行われた場合は，この限りではない。

　ロ．個人事業者が棚卸資産又は棚卸資産以外の資産で事業の用に供していたものを家事のために消費し，又は使用した場合の棚卸資産等に係る課税標準は，その消費又は使用の時におけるその消費，又は使用した資産の価額に相当する金額とみなされる。

　ハ．法人が資産をその役員に対して贈与した場合の資産の課税標準は，その贈与をした資産の価額に相当する金額とみなされる。その資産が棚卸資産である場合には，課税仕入れの金額と，通常の販売価額の50％相当額とのうちいずれか多い金額を課税標準に算入すべき対価の額とみなす。

　ニ．負担付き贈与に係る対価の額

　　　相手方に負担させる債務の額に相当する金額を，課税標準に算入すべき対価の額として課税標準額に対する消費税額を計算する。

　ホ．代物弁済に係る対価の額

　　　代物弁済による資産の譲渡とは，債権者の承諾を得て確定していた弁済手段とは別の方法で弁済する場合の資産の譲渡をいい，次により求められたその資産の譲渡に係る対価の額を，課税標準に算入すべき対価の額とする。

　　　┌──────────────────────┐
　　　│「消滅する債務の額」＋「受取金額」　　　│
　　　│「消滅する債務の額」－「支払金額」　　　│
　　　└──────────────────────┘

ヘ. 対価補償金の取扱い

事業者が土地収用法等に基づき取得する対価補償金は，資産の譲渡等の対価に該当する。なお，課税資産（建物）と非課税資産（土地等）を一括して譲渡した場合には，その一括譲渡対価の額をそれぞれの資産の時価比で按分し，課税資産の譲渡対価の額と非課税資産の譲渡対価の額に区分する。また，収益補償金や経費補償金は，資産の譲渡等の対価の額には該当しない。

確認

設問 次のそれぞれの場合の消費税の課税標準である課税資産の譲渡等の対価の額はいくらか。
　(1) 販売価額100,000円の商品を80,000円で販売した。
　(2) 法人が所有する時価30,000,000円の店舗建物（棚卸資産には該当しない。）をその役員に10,000,000円で譲渡した。
　(3) 法人が通常の販売価額500,000円の商品をその役員に300,000円で販売した。この商品の課税仕入れの金額は350,000円である。

解答 (1) 80,000円
　(2) 10,000,000円 ＜ 30,000,000円 × 50%　　　∴ 30,000,000円
　(3) 500,000円 × 50% ＝ 250,000円 ＜ 300,000円
　　　350,000 ＞ 300,000　　　　∴ 500,000円

〔解説〕資産の課税仕入等の金額に満たないため，「資産の価額に比して著しく低いとき」に該当し，通常の販売価額が対価の額とされる。

(3) 課税資産と非課税資産とを一括譲渡した場合

事業者が課税資産と非課税資産とを同一の者に対して同時に譲渡した場合には，次のように取り扱われる。
① これらの資産の対価の額が課税資産の譲渡の対価の額と非課税資産の譲渡の対価の額とに合理的に区分されているとき…………その区分されている額が課税資産の譲渡の対価の額と非課税資産の対価の額となる。
② これらの資産の対価の額が課税資産の譲渡の対価の額と非課税資産の譲渡の対価の額とに合理的に区分されていないとき………その課税資産の譲渡等に係る課税標準は，これらの資産の対価の額に，これらの資産の譲渡の時におけるその課税資産の価額とその非課税資産の価額との合計額のうちに，その課税資産の価額の占める割合を乗じて計算した金額とされる。

2 輸入取引に係る消費税の課税標準

保税地域から引き取られる課税貨物の課税標準は，関税課税価格（CIF 価格）にその課税貨物の保税地域からの引き取りに係る消費税以外の個別消費税（酒税，たばこ税，揮発油税等）の額及び関税の額に相当する金額を加算した金額とする。

3 事業者向け電気通信利用役務の提供

特定課税仕入れ（課税仕入れのうち，特定仕入れに該当するものをいう。）に係る消費税の課税標準は，特定課税仕入れに係る支払対価の額（対価として支払い，又は支払うべき一切の金銭又は金銭以外の物若しくは権利その他の経済的な利益の額をいう。）とする。

消費税法 1 級　令和 6 年度版

解答用紙

株式会社英光社

1．第１四半期

_____円÷__×_＝_____円　≦　_____円

∴第１四半期における中間申告は必要___。

2．第２四半期

（_____円＋_____円）÷__×_＝_____円　＞　_____円

∴第２四半期における中間申告は必要である。納税額は_____円となる。

3．第３四半期

（_____円＋_____円＋_____円）÷__×_＝_____円　＞　_____円

∴第３四半期における中間申告は必要である。納税額は_____円となる。

4．合計

確定した消費税額から控除できる中間納付分の消費税額は_____円である。

1．4月～6月

$$\frac{\text{_____円}}{12} \times 3 = \text{_____円} \quad \substack{> \\ \leqq} \quad 1,000,000\text{円}$$

故に、適用（　あり　・　なし　）　_____0円

2．7月～9月

$$\left[\frac{\text{_____円＋_____円}}{12} \times 3 = \text{_____円}\right] \substack{> \\ \leqq} 1,000,000\text{円}$$

故に、適用（　あり　・　なし　）　_____円

3．10月～12月

$$\left[\frac{\text{_____円＋_____円}}{12} \times 3 = \text{_____円}\right] \substack{> \\ \leqq} 1,000,000\text{円}$$

故に、適用（　あり　・　なし　）　　　円

4．合計

_____円＋_____円＋_____円＝_____円

第3問　相続があった場合の納税義務の免除の特例(1)

1．納税義務の判定

　①　甲さんの基準期間（_____年度）の課税売上高 _____円が _____円以下である。したがって、消費税法第9条第1項「小規模事業者に係る納税義務の免除」の規定が適用 [される・されない]。

　②　甲さんの父の基準期間（_____年度）の課税売上高 _____円が _____円を超える。従って、令和＿年＿月＿日から ___月 ___日までの課税売上高について、消費税法第10条第1項「相続があった場合の納税義務の免除の特例」の規定が適用が[ある・ない]。

2．課税売上高の取扱い

　①　令和＿年＿月＿日から＿月＿日までの課税売上高 _____円については、課税 [される・されない]。

　②　令和＿年＿月＿日から ___月 ___日までの課税売上高 _____円については、課税 [される・されない]。

第4問　相続があった場合の納税義務の免除の特例(2)

1．納税義務の判定

　①　甲の基準期間（_____年度）の課税売上高 _____円が _____円以下である。したがって、消費税法第9条第1項「小規模事業者に係る納税義務の免除」の規定が適用 [される・されない]。

　②　甲の父の基準期間（_____年度）の課税売上高 _____円が _____円を超える。したがって、令和＿年＿月＿日から ___月 ___日までの課税売上高について、消費税法第10条第1項「相続があった場合の納税義務の免除の特例」の規定が適用が[ある・ない]。

2．課税売上高の取扱い

　①　令和 ＿年＿月＿日から＿月 ___日までの課税売上高 _____円については、課税 [される・されない]。

　②　令和＿年＿月 ___日から ___月 ___日までの課税売上高 _____円については、課税 [される・されない]。

1．調整対象固定資産の判定

$$\underline{\hspace{3cm}}円\times\dfrac{\underline{\hspace{1cm}}}{\underline{\hspace{1cm}}}=\underline{\hspace{2cm}}円\quad\geqq\quad\underline{\hspace{2cm}}円\quad\therefore\quad 該当\underline{\hspace{1cm}}。$$

2．著しい変動の判定

① 仕入れ等の課税期間の課税売上割合

$$\dfrac{\underline{\hspace{3cm}}円}{\underline{\hspace{3cm}}円}=\underline{\hspace{1cm}}\%$$

② 通算課税売上割合

$$\dfrac{\underline{\hspace{2cm}}}{\underline{\hspace{1cm}}+\underline{\hspace{1cm}}}=0.\underline{\hspace{1cm}}$$

通算課税売上高(A)＝$\underline{\hspace{3cm}}$円＋$\underline{\hspace{3cm}}$円＋$\underline{\hspace{3cm}}$円

$$=\underline{\hspace{3cm}}円$$

通算非課税売上高(B)＝$\underline{\hspace{3cm}}$円＋$\underline{\hspace{3cm}}$円＋$\underline{\hspace{1cm}}$円

$$=\underline{\hspace{3cm}}円$$

③ 判定

（イ）変動率

$$\dfrac{\underline{\hspace{2cm}}-0.\underline{\hspace{1cm}}}{\underline{\hspace{2cm}}}=0.\underline{\hspace{1cm}}\begin{array}{c}\geqq\\<\end{array}\underline{\hspace{1cm}}\%$$

（いずれかを○で囲む）

（ロ）変動差

$$\underline{\hspace{0.5cm}}-0.\underline{\hspace{0.5cm}}=0.\underline{\hspace{0.5cm}}\begin{array}{c}\geqq\\<\end{array}\underline{\hspace{0.5cm}}\%$$

（いずれかを○で囲む）

∴著しい変動　なし・あり（　増加　・　減少　）

※なしの場合はなしに○を付し、ありの場合は増加または減少に○を付すこと。

3．調整対象基準税額

$$\underline{\hspace{3cm}}円\times\dfrac{\underline{\hspace{1cm}}}{\underline{\hspace{1cm}}}=\underline{\hspace{2cm}}円$$

4．調整税額

$$\underline{\hspace{2cm}}円\times\underline{\hspace{0.5cm}}-\underline{\hspace{2cm}}\times0.\underline{\hspace{0.5cm}}=\underline{\hspace{2cm}}円$$

1．調整対象固定資産の判定

_____円×￣￣￣＝_____円 $\substack{\geqq \\ <}$ _____円　∴　該当___。

（いずれかを○で囲む）

2．著しい（　増加　・　減少　）の判定

（いずれかを○で囲む）

① 仕入れ等の課税期間の課税売上割合

$$\frac{\text{_____円}}{\text{_____円} + \text{_____円}} = 0.\text{\_\_\_}\%$$ 　割り切れない場合には
小数点以下3位まで表示

② 通算課税売上割合

　　A　通算課税売上高　_____円＋_____円＋_____円

　　　　　　　　　　　　　　＝_____円

　　B　通算非課税売上高　_____円＋_____円＋_____円

　　　　　　　　　　　　　　＝_____円

　　C　通算課税売上割合　$\dfrac{\text{_____円}}{\text{_____円} + \text{_____円}} = 0.\text{\_\_\_}\%$

③ 判定　　　　　　　　　　　　　　　　　割り切れない場合には
　　　　　　　　　　　　　　　　　　　　　小数点以下3位まで表示

　　A　変動率

　　　$\dfrac{0.\text{\_\_\_} - 0.\text{\_\_\_}}{0.\text{\_\_\_}} = 1.\text{\_\_\_} \substack{\geqq \\ <} \text{\_\_\_}\%$

　　　　　　　　　　（いずれかを○で囲む）

　　B　変動差

　　　$0.\text{\_\_\_} - 0.\text{\_\_\_} = 0.\text{\_\_\_} \substack{\geqq \\ <} \text{\_\_\_}\%$

　　　　　　　　　（いずれかを○で囲む）

故に、適用 $\left\{ \substack{\text{あ　り} \\ \text{な　し}} \right\}$

（いずれかを○で囲むこと）

3．調整対象基準税額

_____円×￣￣￣ ＝_____円

4．調整税額（課税売上割合は端数処理せずに計算すること）

_____円×②$\dfrac{\text{_____円}}{\text{_____円} + \text{_____円}}$ － _____円

×①$\dfrac{\text{_____円}}{\text{_____円} + \text{_____円}}$ ＝_____円

1．車両 A

　① 調整対象固定資産の判定

　　　_____円× ―― =_____円 ≧ _____円 ∴該当[する・しない]
　　　　　　　　　　　　 ――

　② 転用時期の判定

　　　_____年 _月 _日～_____年 __月 __日（_年_月）≦ _年 ∴適用[あり・なし]

　　　調整割合は ―― (_年超 _年以内)
　　　　　　　　 ――

　③ 調整税額

　　　_____円× ―― =_____円
　　　　　　　　　　　 ――

　　　_____円× ―― =_____円 ∴_____円を[加算・控除]する。
　　　　　　　　　　　 ――

2．車両 B

　① 調整対象固定資産の判定

　　　_____円× ―― =_____円 ≧ _____円 ∴該当[する・しない]
　　　　　　　　　　　　 ――

　② 転用時期の判定

　　　_____年 __月 __日～_____年 _月 __日（_月）≦ _年 ∴適用[あり・なし]

　　　_年以内の転用のため、調整対象税額の____を調整税額の計算対象とする。

　③ 調整税額

　　　_____円×____ =_____円 ∴_____円を[加算・控除]する。
　　　　　　　　　 ――

1．車両Ａ

① 調整対象固定資産の判定

$$\underline{\hspace{2cm}}円 \times \dfrac{\hspace{1cm}}{\hspace{1cm}} = \underline{\hspace{2cm}}円 \begin{matrix} \geqq \\ < \end{matrix} \underline{\hspace{2cm}}円$$

（いずれかを○で囲む）

∴該当[する・しない]

② 転用時期の判定

令和 _年 _月 __日～令和 _年 _月 _日（_年 _月） $\begin{matrix} \leqq \\ > \end{matrix}$ _年

（いずれかを○で囲む）

∴適用[あり・なし]

③ 調整割合

_年 _月は _年超 _年以内　故に $\dfrac{3}{3}$

④ 調整税額

$$(\underline{\hspace{2cm}}円 \times \dfrac{\hspace{1cm}}{\hspace{1cm}} = \underline{\hspace{1.5cm}}円) \times \dfrac{\hspace{1cm}}{\hspace{1cm}} = \underline{\hspace{1.5cm}}円 \left\{ \begin{matrix} 控　除 \\ 加　算 \end{matrix} \right.$$

（いずれかを○で囲むこと）

2．車両Ｂ

① 調整対象固定資産の判定

$$\underline{\hspace{2cm}}円 \times \dfrac{\hspace{1cm}}{\hspace{1cm}} = \underline{\hspace{2cm}}円 \begin{matrix} \geqq \\ < \end{matrix} \underline{\hspace{2cm}}円$$

（いずれかを○で囲む）

∴該当[する・しない]

② 転用時期の判定

令和 _年 __月 __日～令和 _年 _月 _日（_年 _月） $\begin{matrix} \leqq \\ > \end{matrix}$ _年

（いずれかを○で囲む）∴適用[あり・なし]

③ 調整割合

_年 _月は _年超 _年以内　故に $\dfrac{\hspace{1cm}}{\hspace{1cm}}$

④ 調整税額

$$(\underline{\hspace{2cm}}円 \times \dfrac{\hspace{1cm}}{\hspace{1cm}} = \underline{\hspace{1.5cm}}円) \times \dfrac{\hspace{1cm}}{\hspace{1cm}} ∴ \underline{\hspace{1.5cm}}円 \left\{ \begin{matrix} 控　除 \\ 加　算 \end{matrix} \right.$$

（いずれかを○で囲むこと）

Ⅰ．課税標準額に対する消費税額等の計算等

　1．課税標準額の計算

　　(1) 総売上高　＿＿＿＿＿＿＿円

　　(2) ゴルフ場利用株式等の売却収入　＿＿＿＿＿円

　　(3) 投資目的の建物売却収入　＿＿＿＿＿円

　　(4) 役員Bに対する美術品Aの贈与　＿＿＿＿＿円

　　(5) E社に対する代物弁済　＿＿＿＿円

　　(6) (1)〜(5)の合計　＿＿＿＿＿＿円×——＝＿＿＿＿＿＿円（＿＿＿円未満＿＿）

　2．課税標準額に対する消費税額

　　　　＿＿＿＿＿＿円×＿＿％＝＿＿＿＿＿円

Ⅱ．控除税額の計算

　1．返還等対価に対する税額

　　（＿＿＿＿円＋＿＿＿＿円＝＿＿＿＿円）×——＝＿＿＿＿円

　2．控除対象仕入税額

　　(1) 課税売上高の割合による判定

　　　イ．各種事業に係る課税売上高

　　　　① 第1種事業

　　　　　A．総売上高　＿＿＿＿＿＿円×——＝＿＿＿＿＿円

　　　　　B．返還等対価の額

　　　　　（＿＿＿＿円＋＿＿＿＿円＝＿＿＿＿円）×——＝＿＿＿＿円

　　　　　C．A－B＝＿＿＿＿＿円

　　　　② 第2種事業

　　　　　A．総売上高　＿＿＿＿＿＿円×——＝＿＿＿＿＿円

　　　　　B．返還等対価の額

　　　　　＿＿＿＿円×——＝＿＿＿＿円

　　　　　C．A－B＝＿＿＿＿＿円

③ 第4種事業

(＿＿＿＿＿円＋＿＿＿＿＿円＋＿＿＿＿円＋＿＿＿＿円＝＿＿＿＿＿円)

× ——— ＝＿＿＿＿＿円
‾‾‾‾‾

④ 第5種事業

A．総売上高　＿＿＿＿＿円× ——— ＝＿＿＿＿＿円
‾‾‾‾‾

B．返還等対価の額

＿＿＿＿円× ——— ＝＿＿＿＿円
‾‾‾‾‾

C．A－B＝＿＿＿＿＿円

⑤ ①＋②＋③＋④＝＿＿＿＿＿＿円

ロ．三以上の事業を営む場合の特例適用の判定

$$\frac{イ①＋イ②}{イ⑤}＝0.\text{＿＿＿＿＿＿}… ≧ \text{＿}\%以上 ∴特例適用[あり・なし]$$

(2) みなし仕入れ率

イ．各種事業に係る消費税額

① 第1種事業

＿＿＿＿＿円×＿＿%－＿＿＿＿円× ——— ＝＿＿＿＿＿円
‾‾‾‾‾

② 第2種事業

＿＿＿＿＿円×＿＿%－＿＿＿＿円× ——— ＝＿＿＿＿＿円
‾‾‾‾‾

③ 第4種事業

＿＿＿＿＿円×＿＿%＝＿＿＿＿円

④ 第5種事業

＿＿＿＿＿円×＿＿%－＿＿＿＿円× ——— ＝＿＿＿＿円
‾‾‾‾‾

⑤ ①＋②＋③＋④＝＿＿＿＿＿円

ロ．原則による場合のみなし仕入率

$$\frac{A}{B}＝0.\text{＿＿}…$$

A＝＿＿＿＿＿円×＿＿%＋＿＿＿＿＿円×＿＿%＋＿＿＿＿円×＿＿%

＋＿＿＿＿円×＿＿% → ＿＿＿＿＿円

B＝＿＿＿＿＿円

ハ．特例による場合のみなし仕入率

① 二種類以上の事業を営む事業者の場合

第1種事業の占める割合　＿＿＿＿＿円÷イ⑤の金額＝0.＿…　＜　＿＿％

第2種事業の占める割合　＿＿＿＿＿円÷イ⑤の金額＝0.＿…　＜　＿＿％

第4種事業の占める割合　＿＿＿＿＿円÷イ⑤の金額＝0.＿…　＜　＿＿％

第5種事業の占める割合　＿＿＿＿＿円÷イ⑤の金額＝0.＿…　＜　＿＿％

∴適用[あり・なし]

② 三種類以上の事業を営む事業者の場合

A．第1種及び第2種事業の占める割合

(＿＿＿＿＿円＋＿＿＿＿＿円)÷＿＿＿＿＿円＝0.＿…　≧　＿＿％

B．$\dfrac{a}{b}$ ＝0.＿＿＿＿…

a　＿＿＿＿＿円×＿＿％＋ (＿＿＿＿＿－＿＿＿＿＿円) ×＿＿％

＝＿＿＿＿＿円

b　＿＿＿＿＿円

ニ．判定

ロ ＜ ハ ∴ [原則・特例]によるみなし仕入率を採用する。

ホ．控除対象仕入税額の計算

(＿＿＿＿＿円－＿＿＿＿＿円) ×$\dfrac{\text{＿＿＿円}}{\text{＿＿＿＿＿円}}$ ＝＿＿＿＿＿円

(3) 控除税額合計

＿＿＿＿＿円＋＿＿＿＿＿円＝＿＿＿＿＿円

Ⅲ．納付税額の計算

＿＿＿＿＿円－＿＿＿＿＿円＝＿＿＿＿＿円 → ＿＿＿＿＿円 (＿＿＿円未満＿＿)

1．特定収入割合の判定

① 資産の譲渡等の対価の額の合計額

_____円× —— ＋_____円＝_____円

② 特定収入の額の合計額

_____円

③ 判定

$$\frac{\text{_____円}}{\text{_____円＋_____円}} = 0.\text{_____} \cdots \; > \; \text{__\%}$$

∴国等の特例適用[あり ・ なし]

2．調整割合

$$\frac{\text{_____円}}{\text{_____円＋_____円}} = 0.\text{_____} \cdots$$

① 資産の譲渡等の対価の額の合計額

_____円× —— ＋_____円＝_____円

② 課税仕入れ等に係る特定収入以外の特定収入の額の合計額 _____円

3．特定収入に係る課税仕入れ等の税額

① 課税仕入れ等に係る特定収入に係る税額

_____円× —— ＝_____円

② 課税仕入れ等に係る特定収入以外の特定収入に係る税額

(_____円× —— －_____円) × $\dfrac{\text{_____円}}{\text{_____円＋_____円}}$

＝_____円

③ 合計

①＋②＝_____円

1．特定収入割合の判定

① 資産の譲渡等の対価の額の合計額

(＿＿＿＿＿＿＿円× ⎯⎯⎯ ＝＿＿＿＿＿＿＿円) ＋＿＿＿＿＿＿＿円＝＿＿＿＿＿＿＿円

② 特定収入の額の合計額

＿＿＿＿＿＿＿円

③ 判定

$$\frac{\text{＿＿＿＿＿＿＿＿＿円}}{\text{＿＿＿＿円＋＿＿＿＿円}} ＝0.\underline{\quad\quad}\cdots \begin{matrix} > \\ \leqq \end{matrix} \underline{5}\%$$

（いずれかを〇で囲む）

∴調整の適用[あり・なし]

2．調整割合

$$\frac{\text{＿＿＿＿＿＿円}}{\text{＿＿＿＿円＋＿＿＿＿円}}$$

3．特定収入に係る課税仕入れ等の税額

① 課税仕入れ等に係る特定収入に係る税額

＿＿＿＿＿＿円× ⎯⎯⎯ ＝＿＿＿＿＿＿円

② 課税仕入れ等に係る特定収入以外の特定収入に係る税額

(＿＿＿＿＿＿円× ⎯⎯⎯ －＿＿＿＿＿＿円) × $\dfrac{\text{＿＿＿＿＿＿＿円}}{\text{＿＿＿＿＿＿＿円}}$ ＝＿＿＿＿＿＿円

③ 合計

①＋②＝＿＿＿＿＿＿円

1．課税仕入れ等の区分

(1) 課税資産の譲渡等にのみ要するもの

　　イ．課税仕入れに係る税額

　　　　　＿＿＿＿＿＿円＋＿＿＿＿＿＿円＝＿＿＿＿＿＿円

　　　　　＿＿＿＿＿＿円× ＝＿＿＿＿＿＿円

　　ロ．棚卸資産の調整額

　　　　　＿＿＿＿＿＿円× ＝＿＿＿＿＿円

(2) その他の資産の譲渡等に要するもの

　　　　＿＿＿＿＿＿円× ＝＿＿＿＿＿円

(3) 課税資産の譲渡等とその他の試算の譲渡等に共通して要するもの

　　　　＿＿＿＿＿＿円× ＝＿＿＿＿＿円

(4) 合計

　　イ．課税仕入れに係る税額

　　　　　＿＿＿＿＿＿円＋＿＿＿＿＿＿円＝＿＿＿＿＿＿円

　　　　　＿＿＿＿＿＿円× ＝＿＿＿＿＿＿円

　　ロ．棚卸資産の調整額

　　　　＿＿＿＿＿円

2．個別対応方式による控除対象仕入税額

　　（＿＿＿＿＿円 $\overset{+}{_-}$ ＿＿＿＿＿円）＋＿＿＿＿＿円×＿＿％＝＿＿＿＿＿＿円

3．一括比例配分方式による控除対象仕入税額

　　（＿＿＿＿＿円 $\overset{+}{_-}$ ＿＿＿＿＿円）×＿＿％＝＿＿＿＿＿＿円

4．判定

　　個別対応方式＿＿＿＿＿＿円 $\overset{>}{<}$ 一括比例配分方式＿＿＿＿＿＿円

　　∴（＿＿＿＿）方式が有利　＿＿＿＿＿円

Ⅰ．課税標準額に対する消費税額の計算等

区　　分	計　算　過　程
1．課 税 標 準 額 ＿＿＿＿＿＿＿円	1．課税標準額の計算 ①　総売上高　＿＿＿＿＿＿＿円 ②　（＿＿＿＿＿＿＿＿＿）　＿＿＿＿＿円 ③　（＿＿＿＿） 　　＿＿＿＿＿＿円× $\dfrac{\text{＿＿＿円}}{\text{＿＿＿円＋＿＿＿円}}$ 　　＝＿＿＿＿＿＿円 ④　（＿＿＿）　＿＿＿＿＿＿円 ⑤　役員に対する贈与 　　＿＿＿＿円 $\overset{>}{<}$（＿＿＿＿円×0.＿＝＿＿＿＿円） 　　　（いずれかを○で囲む） 　　∴＿＿＿＿円 ⑥　合計 　（①〜⑤　計　＿＿＿＿＿＿円）×―― 　＝＿＿＿＿＿＿円→＿＿＿＿＿＿円（＿＿＿円未満切り捨て）
2．課 税 標 準 額 に 　　対する消費税額 ＿＿＿＿＿＿＿円	2．課税標準額に対する消費税額の計算 　　＿＿＿＿＿＿円×＿＿％＝＿＿＿＿＿円
3．課 税 標 準 額 に 　　対する消費税額 　　の　調　整　額 ＿＿＿＿＿円	3．課税標準額に対する消費税額の調整額の計算（貸倒回収に係る消費税額の計算） 　　＿＿＿＿円×――＝＿＿＿＿円

Ⅱ．控除税額の計算

| 1．課 税 売 上 割 合 $\dfrac{\qquad 円}{\qquad 円}$ | 1．課税売上割合の計算
(1) 課税売上高
　イ．国内売上高

　　① 課税総売上高 ＿＿＿＿＿＿＿円

　　② 売上に係る対価の返還等の金額

　　　（＿＿＿＿＿円＋＿＿＿＿＿円＝＿＿＿＿＿円）× ＿＿＿＿

　　　＝＿＿＿＿＿円

　　③ 国内売上高　①－②＝＿＿＿＿＿＿＿円

　ロ．輸出売上高 ＿＿＿＿＿＿円

　ハ．合計　イ．＋ロ．＝＿＿＿＿＿＿円

(2) 非課税売上高

　① 受取利息 ＿＿＿＿＿円

　② （＿＿＿＿＿＿） ＿＿＿＿＿円

　③ （＿＿＿＿）

　　　＿＿＿＿＿円× $\dfrac{\qquad 円}{\qquad 円＋\qquad 円}$

　　　＝＿＿＿＿＿円

　④ （＿＿＿＿＿） ＿＿＿＿＿円×_%＝＿＿＿＿＿円

　⑤ 合計　①＋②＋③＋④＝＿＿＿＿＿＿円

(3) 課税売上割合

　　$\dfrac{\qquad 円}{(1)＋(2)}$ ＝0.＿＿＿…

(4) 判定 ＿＿＿＿＿＿円　＞　＿＿＿＿＿＿円

　　従って、控除対象仕入税額の計算は，（＿＿＿＿＿＿）又は

　　（＿＿＿＿＿＿＿） により行うこととなる。 |

2．控除対象仕入税額	2．控除対象仕入税額の計算
_____円	(1) 課税仕入れ等の税額

(1) 課税仕入れ等の税額

  a．課税資産の譲渡等にのみ要するもの

    イ．国内取引

      ① 総仕入高

        _____円 － _____円 ＝ _____円

      ② (_____)

        _____円 ＋ _____円 ＝ _____円

      ③ 広告宣伝費 _____円

      ④ (_____)

        _____円 ＋ _____円 ＝ _____円

      ⑤ (_____) _____円

      ⑥ 小計

        (①〜⑤ 計 _____円) × —— ＝ _____円

    ロ．輸入取引 _____円 ＋ _____円 ＝ _____円

    ハ．合計 _____円 ＋ _____円 ＝ _____円

  b．その他の資産の譲渡等にのみ要するもの (_____)

    _____円 × —— ＝ _____円

  c．課税資産の譲渡等とその他の資産の譲渡等に共通して要するもの

    ① (_____) _____円

    ② 福利厚生費

      (_____円 － _____円) ＋ _____円 ＝ _____円

    ③ (_____)

      _____円 － _____円 ＝ _____円

    ④ (____)

      _____円 － _____円 － _____円 ＝ _____円

⑤　接待交際費

　　_____円＋_____円＋（_____円－_____円）

　　＋_____円＝_____円

⑥　寄附金　_____円

⑦　（_____）　_____円

⑧　修繕費　_____円

⑨　（_____）　_____円－_____円＝_____円

⑩　その他の費用　_____円

⑪　合計

　　（①～⑩　計　_____円）×――＝_____円

(2) 返還等に係る税額（課税資産の譲渡等にのみ要するものに係るもの）

　（_____円＋_____円＝_____円）×――

＝_____円

(3) 個別対応方式による控除対象仕入税額の計算

　（_____円－_____円）＋_____円

×――――――円／円――――――＝_____円

(4) 一括比例配分方式による控除対象仕入税額の計算

①　課税仕入れ等の税額

　イ．国内取引

　　（_____円＋_____円＋_____円

　　＝_____円）×――＝_____円

　ロ．輸入取引　_____円

　ハ．合計

　　（_____円＋_____円＝_____円）

　　×――――――円／円――――――＝_____円

	② 返還等に係る税額 ＿＿＿＿＿＿＿円× $\dfrac{\text{＿＿＿＿＿円}}{\text{＿＿＿＿＿円}}$ ＝＿＿＿＿＿＿＿円 ③ 差引計　＿＿＿＿＿＿＿円－＿＿＿＿＿＿＿円＝＿＿＿＿＿＿＿円 (5) 判定 　（個別対応方式）　　（一括比例配分方式） ＿＿＿＿＿＿＿円 $\begin{matrix}>\\<\end{matrix}$ ＿＿＿＿＿＿＿円 　　　　　　（いずれかを○で囲む） 故に（＿＿＿＿＿＿）が有利　＿＿＿＿＿＿＿円
３．返還等対価に係る税額 ＿＿＿＿＿＿＿円	３．返還等対価に係る税額の計算 ＿＿＿＿＿＿＿円× ―――― ＝＿＿＿＿＿＿＿円
４．貸倒れに係る税額 ＿＿＿＿＿＿＿円	４．貸倒れに係る税額の計算 ＿＿＿＿＿＿＿円× ―――― ＝＿＿＿＿＿＿＿円
５．控除税額合計 ＿＿＿＿＿＿＿円	５．控除税額合計の計算 ＿＿＿＿＿＿＿円＋＿＿＿＿＿＿＿円＋＿＿＿＿＿＿＿円＝＿＿＿＿＿＿＿円

Ⅲ．納付税額の計算

１．差引税額 ＿＿＿＿＿＿＿円	１．差引税額の計算 ＿＿＿＿＿＿＿円＋＿＿＿＿＿＿＿円－＿＿＿＿＿＿＿円 ＝＿＿＿＿＿＿＿円 → ＿＿＿＿＿＿＿円（＿＿＿円未満切り捨て）
２．納付税額 ＿＿＿＿＿＿＿円	２．納付税額の計算 ＿＿＿＿＿＿＿円－＿＿＿＿＿＿＿円＝＿＿＿＿＿＿＿円

（参考）　特定役務の提供
　　　　国外事業者が行う資産の譲渡等のうち，映画若しくは演劇俳優，音楽家等が行う芸能活動又は職業運動家の行う競技等の役務提供を主たる内容とするもので，事業者に対して行うものは，事業者向け電気通信利用役務の提供と同様に取り扱う。

4 貸倒れ処理した債権を領収した場合

　貸倒れ処理した債権を領収した場合には，その債権に係る消費税額をその領収した日の属する課税期間の課税標準額に対する消費税額に加算する。

5 税率

　消費税の税率は7.8%である。

　なお，地方消費税の税率は消費税（国税7.8%）の $\frac{22}{78}$（2.2%）とされるので，消費税と地方消費税を合わせた税率は 10 ％となる。過去の改正も含めた税率の推移は下記の通りである。

区分	平成26年３月31日以前	平成26年４月１日以後	令和元年10月１日以後	
			軽減税率	標準税率
課税標準の計算	100/105	100/108	100/108	100/110
税額の計算	4%	6.3%	6.24%	7.8%
貸倒回収に係る消費税額の計算，控除対象仕入税額の計算，返還等に係る税額の計算，貸倒れに係る税額の計算	4/105	6.3/108	6.24/108	7.8/110

（＊）平成９年３月31日までは消費税率は３%であった。

6 軽減税率対象品目について

　P.47 第12章(3)参照。

第 **7** 章 税額控除等

1 仕入れに係る消費税額の控除

(1) 計算方法の区分

　　事業者（免税事業者を除く。）が，国内において課税仕入れ若しくは特定課税仕入れ又は保税地域から課税貨物を引き取った場合には，その課税仕入れ若しくは特定課税仕入れを行った日又はその課税貨物を引き取った日の属する課税期間の課税標準額に対する消費税額から，その課税期間中に国内において行った課税仕入れ若しくは特定課税仕入れに係る消費税額及びその課税期間中に保税地域から引き取った課税貨物につき課された又は課されるべき消費税額の合計額を控除する。なお，課税貨物とは，保税地域から引取られる外国貨物のうち，非課税とされるもの以外のものをいう。

　　課税標準額に対する消費税額から控除する課税仕入れと課税貨物の引取り（以下，「課税仕入れ等」という。）に係る消費税額の計算方法は，簡易課税制度（第8章）を選択している事業者とその他の事業者とでは，その方法が異なる。

　　簡易税額制度を選択していない場合の課税標準額に対する消費税額から控除する課税仕入れ等に係る消費税額の計算方法は，その課税期間の課税売上割合が95％以上であるかどうかにより異なる。

> 〔参考〕 居住用賃貸建物の取得時に支払った課税仕入れ等に係る消費税額は住宅の貸付けの用に供しないことが明らかな部分など一定の場合を除き，仕入税額控除の対象外となる。

(2) 課税売上割合

　　課税売上割合とは，その課税期間中の国内における資産の譲渡等の対価の額の合計額のうちにその課税期間中の国内における課税資産の譲渡等の対価の額の合計額の占める割合をいう。

$$課税売上割合 = \frac{課税資産の譲渡等の対価の額の合計額}{資産の譲渡等の対価の額の合計額}$$

(3) 非課税資産の輸出取引等がある場合

　　事業者が国内において非課税資産の譲渡等に係る輸出取引等に該当するものを行った場合等において，その非課税資産の譲渡等が輸出取引等に該当するものであることつき証明がされたときは，課税資産の譲渡等に係る輸出取引等に該当するものとみなして，課税売上割合の計算上，資産の譲渡等の対価の額及び課税資産の譲渡等の対価の額の合計額に含めることとなる。

(4) 資産の国外移送

　　事業者が国外における資産の譲渡等又は自己の使用のため，資産（棚卸資産や事務機器等の固定資産など）を国外支店などに輸出（国外移送）した場合において，その証明があったときは，その輸出を課税資産の譲渡等にかかる輸出取引等とみなして，仕入れに係る消費税額の控除の規定を適用する。

> (注1) 分母及び分子の合計額は，いずれも消費税額及び地方消費税額を含まず，また，売上に係る対価の返還等（売上に係る返品，値引き，割戻し，割引をいう。）の金額を控除した後の金額による。
> 　　　また，分母及び分子の合計額は，輸出取引による対価の額は含むが，国外取引に係る対価の額は含まない。
> (注2) 非居住者に対する貸付金の利子は，非課税資産の譲渡等に係る輸出取引に該当し，課税売上割合の計算上分母及び分子の双方の額に加算する。貸付金の利息の他，外国銀行の預金利息などもこの取り扱いの対象となる。
> (注3) 株式等（ゴルフ場利用株式を除く。）を売却した場合には，課税売上割合の計算上，その譲渡対価の5％相当額を資産の譲渡等の対物の額の合計額（分母の額）に計上する。

（**注4**）　国外移送があった場合の課税売上割合の計算は，移送した資産の価額（本船甲板引渡価額（FOB価額）を採用）を分母及び分子の双方の額に加算する。

確認

設問　次のそれぞれの場合の課税売上割合を計算しなさい。

(1)　その課税期間中の課税資産の譲渡等の対価の額の合計額（税抜価額）　　　　45,000,000円
その課税期間中の非課税資産の譲渡等の対価の額の合計額　　　　　　　5,000,000円

(2)　その課税期間中の課税資産の譲渡等の対価の額の合計額（税抜価額）　　　　73,600,000円
上記の金額のうち売上対価の返還等の金額（税抜価額）　　　　　　　　1,400,000円
その課税期間中の非課税資産の譲渡等の対価の額の合計額　　　　　　　7,800,000円

解答　(1)　$\dfrac{45,000,000円}{45,000,000円 + 5,000,000円} = 90\%$

(2)　$\dfrac{73,600,000円 - 1,400,000円}{73,600,000円 - 1,400,000円 + 7,800,000円} = 90.25\%$

(3)　課税仕入れ等

課税仕入れとは，事業者が，事業として他の者から資産を譲り受け，若しくは借り受け，又は役務の提供（給与等を対価とする役務の提供を除く。）を受けることをいう。従って，事業者が免税事業者又は消費者から課税資産の譲渡等を受けた場合であっても課税仕入れに該当する。

《課税仕入れ等とならないものの例》

- 個人事業者が家事消費等のために行うもの
- 役員報酬，人件費，労務費，退職金等
- 非課税取引，免税取引に該当するものの仕入れ（支払利息，保険料等，国際電話料等）
- 資産の譲渡等に該当しないもの（支払配当，支払保険金等）
- 国外において行った課税仕入れ
- 保税地域から引き取られる課税貨物のうち他の法律又は条約の規定によりその引取りが免税とされる貨物
- 外国人旅行者向け免税制度により購入された物品と知りながら行った課税仕入れ

2　課税売上割合が95％以上の場合の計算方法

その課税期間の課税売上割合が95％以上の場合には，課税仕入れ等の係る消費税額の全額を控除することができるので，その課税期間の課税標準額に対する消費税額から，その課税期間中に国内において行った課税仕入れに係る消費税額（その課税仕入れに係る支払対価の額に110分の7.8を乗じて算出した金額等）及びその課税期間中に保税地域から引き取った課税貨物につき課された又は課されるべき消費税額の合計額を控除する。

ただし，その課税期間の課税売上高が5億円（その課税期間が1年未満の場合は年換算する）を超える事業者については，この規定は適用されず，下記3と同様の計算となる。

（**注**）　課税仕入れに係る支払対価の額とは，課税仕入れの対価として支払い，又は支払うべき一切の金銭又は金銭以外の物若しくは権利その他経済的な利益の額とし，その際に課されるべき消費税額及び地方消費税額を含めた金額をいう。

3 課税売上割合が95%未満の場合の計算方法

その課税期間の課税売上割合が95%未満の場合には，課税仕入れ等に係る消費税額の全額を控除することはできず，課税売上げに対応する部分のみが控除対象となる。この場合，その控除される金額の計算方法として個別対応方式と一括比例分配方式がある。

いずれの方式によるかは事業主の選択によるが，一括比例分配方式を選択した場合には，2年間は継続適用しなければならない。

(1) 個別対応方式

① 課税期間中の課税仕入れ等につき，次のように区分する。

　イ．課税売上げのみに対応するもの

　ロ．非課税売上げのみに対応するもの

　ハ．課税売上げと非課税売上げに共通するもの

② 次のイ．に掲げる金額とロ．に掲げる金額の合計額をその課税期間の課税標準額に対する消費税額から控除する。

　イ．課税売上げのみに対応する課税仕入れ等の税額

　ロ．課税売上げと非課税売上げに共通する課税仕入れ等の税額に課税売上割合を乗じて計算した金額

> 控除する消費税額＝イ＋ロ

> **(注1)** 上記においては，課税売上割合に代えて，課税売上割合に準ずる割合によることもできる。課税売上割合に準ずる割合は，使用人の数又は従事割合，消費又は使用する資産の価額又は使用割合等の合理的な基準であることが必要である。その割合を用いて控除税額を計算する場合には，その適用を受けようとする課税期間の末日までに課税売上割合に準ずる割合の適用承認申請書を提出し，同日の翌日以後1月を経過する日までに税務署長の承認を受けた場合に，その課税期間から課税売上割合に準ずる割合を用いて，控除税額の計算を行うこととなる。
> また，課税売上割合に準ずる割合の適用をやめる場合には，その旨を記載した届出書を提出することで，提出した日の属する課税期間から不適用となる。
> **(注2)** 非課税売上にのみに対応する課税仕入れ等の税額は，控除することができない。
> **(注3)** 非課税資産の輸出や国外移送があった場合に，これらに対応する課税仕入れ等は，個別対応方式を適用する場合には，課税売上げのみに対応する課税仕入れ等として取り扱う。

確認

設問 次の資料から控除する消費税額を計算しなさい。なお，その課税期間の課税売上割合は90%である。

　① 課税売上げのみに対応する課税仕入れ等に係る消費税額　　　　　1,300,000円

　② 非課税売上げのみに対応する課税仕入れ等に係る消費税額　　　　　20,000円

　③ 課税売上げと非課税売上げに共通する課税仕入れ等に係る消費税額　380,000円

解答 1,300,000円＋380,000円×90%＝1,642,000円

(2) 一括比例配分方式

その課税期間中の課税仕入れ等に係る消費税額が，個別対応方式①のイ，ロ及びハに区分されていない場合又は個別対応方式を適用できるが一括比例配分方式を選択する場合に適用される。

なお，個別対応方式を適用できる事業者が一括比例配分方式を選択した場合には，その一括比例配分方式により計算することとした課税期間の初日から同日以後2年を経過する日までの間に

開始する各課税期間においては，個別対応方式により計算することはできない。

その課税期間中の課税標準額に対する消費税額から控除する消費税額は，その課税期間中の課税仕入れ等の税額の合計額に課税売上割合を乗じて計算した金額となる。

> 控除する消費税額 ＝ 課税仕入れ等に係る消費税額 × 課税売上割合

なお，この場合には，個別対応方式における課税売上割合に準ずる割合を用いることはできない。

確認

設問 次の資料から控除する消費税額を計算しなさい。なお，その課税期間の課税売上割合は85％である。

課税仕入れ等に係る消費税額は2,000,000円であるが，課税仕入れ等を課税売上げのみに対応するもの，非課税売上げのみに対応するもの及び課税売上げと非課税売上げに共通するものとの区分を明らかにしていない。

解答 2,000,000円 × 85％ ＝ 1,700,000円

4 仕入税額控除のための要件

仕入れに係る消費税額の控除の適用を受ける場合には，事業者がその課税期間の課税仕入れ等の税額の控除に係る帳簿及び請求書等（一定の事項を記載したもの）を一定期間保存しなければならない。ただし，災害その他やむを得ない事情により，その保存をすることができなかったことをその事業者において証明した場合は，この限りではない。

> **（参考）** 令和5年10月1日から導入された適格請求書等保存方式では，適格請求書等発行事業者から交付された適格請求書などの保存が仕入額控除の要件とされる。保存期間は原則として，申告期限の翌日から7年間であるが，帳簿を7年間保存する場合には，請求書等は5年間の保存でよいとされ，請求書等を7年間保存する場合には，帳簿の保存は5年間でよいとされる。

5 仕入税額控除額の調整

(1) 仕入対価の返還等を受けた場合

課税事業者が国内において行った課税仕入れにつき，返品をし，又は値引き，割戻しや割引を受けたことにより，課税仕入れに係る支払対価の額の全部又は一部の返還又は課税仕入れに係る支払対価の額に係る買掛金その他の債務の額の全部又は一部の減額（以下「仕入に係る対価の返還等」という。）を受けた場合には，仕入に係る対価の返還等を受けた課税期間中の課税仕入れ等に係る消費税額から次の控除方式のいずれかの方法により仕入に係る対価の返還等に係る消費税額を控除する。

> **（注）** 例えば，仕入商品の国内における販売促進の目的で仕入先から支払を受ける販売奨励金は，仕入に係る対価の返還等に該当する。

この場合において，控除しきれない金額があるときは，その課税期間の課税標準額に対する消費税額に加算する。

なお，仕入対価の返還等に係る消費税額は，次の算式により計算する。

> 仕入に係る対価の返還等の金額（税込金額）$\times \dfrac{7.8}{110}$

① 課税売上割合が95％以上の場合

その課税期間の課税標準額に対する消費税額から控除する消費税額は，課税仕入れ等に係る消費税額から仕入に係る対価の返還等に係る消費税額を控除した金額となる。

課税仕入れ等に係る消費税額 － 仕入対価の返還等に係る消費税額

② 課税売上割合が95％未満の場合

その課税期間の課税標準額に対する消費税額から控除する消費税額は，その課税期間中の課税仕入れ等に係る消費税額を「個別対応方式」によっているか「一括比例配分方式」によっているかにより，それぞれ次の方法により計算した金額とする。

イ．個別対応方式によっている場合

$$\text{課税売上げにのみ対応する課税仕入れ等に係る消費税額} - \text{課税売上げにのみ対応する仕入対価の返還等に係る消費税額} = A$$

$$\text{課税売上げ・非課税売上げに共通する課税仕入等に係る消費税額} \times \text{課税売上割合} - \text{課税売上げ・非課税売上げに共通する仕入対価の返還等に係る消費税額} \times \text{課税売上割合} = B$$

$$\text{控除する消費税額} = A + B$$

ロ．一括比例配分方式によっている場合

$$\text{控除する消費税額} = \text{課税仕入れ等に係る消費税額} \times \text{課税売上割合} - \text{仕入対価の返還等に係る消費税額} \times \text{課税売上割合}$$

確認

設問 次の資料により控除する消費税額を計算しなさい。なお，課税売上割合は80％であり，個別対応方式を適用している。

(1) 課税売上げにのみ対応する課税仕入れ等に係る消費税額　　3,200,000円
(2) 課税売上げにのみ対応する仕入対価の返還等に係る消費税額　　160,000円
(3) 課税売上げ・非課税売上げに共通する課税仕入れ等に係る消費税額　　1,500,000円
(4) 課税売上げ・非課税売上げに共通する仕入対価の返還等に係る消費税額　　30,000円
(5) 非課税売上げにのみ対応する課税仕入れ等に係る消費税額　　400,000円
(6) 非課税売上げにのみ対応する仕入対価の返還等に係る消費税額　　20,000円

解答 (1) 3,200,000円 － 160,000円 ＝ 3,040,000円
(2) 1,500,000円 × 80％ － 30,000円 × 80％ ＝ 1,176,000円
(3) (1) ＋ (2) ＝ 4,216,000円

(2) 売上に係る対価の返還等を行った場合

課税事業者が，国内において行った課税資産の譲渡等につき，返品を受け，又は値引き，割戻しや割引を行ったことにより，その課税資産の譲渡等（輸出取引等消費税が免除されるものを除く。）の金額（税込金額）の全部又は一部の返還又はその課税資産の譲渡等の税込価額に係る売掛金その他の債権の額の全部又は一部の減額（以下「売上に係る対価の返還等」という。）を行った場合には，売上に係る対価の返還等を行った課税期間の課税標準額に対する消費税額から，売上に係る対価の返還等の金額に係る消費税額の合計額を控除する。この場合において，控除しきれない金額があるときは，その金額は還付される。

売上に係る対価の返還等の金額に係る消費税額は，次の算式により計算された金額となる。

$$\text{売上に係る対価の返還等に係る金額（税込金額）} \times \frac{7.8}{110}$$

確認

設問 次の資料から売上対価の返還等に係る消費税額を計算しなさい。
　　(1)　売上返品の額（税込金額）　　　　　　　　660,000円
　　(2)　売上値引きの額（税込金額）　　　　　　　770,000円

解答 $(660,000円 + 770,000円) \times \dfrac{7.8}{110} = 101,400円$

(3)　貸倒れに係る消費税額の控除

　課税事業者が国内において課税資産の譲渡等（輸出取引等消費税が免除されるものを除く。）を行った場合において，その課税資産の譲渡等の相手方に対する売掛金その他の債権につき切捨て等一定の事実が生じたため，課税資産の譲渡等の税込み金額の全部又は一部を領収することができなくなったときは，その領収することができなかった日の属する課税期間の課税標準額に対する消費税額から，その領収することができなくなった課税資産の譲渡等の税込価額に係る消費税額の合計額を控除する。

　貸倒れに係る消費税額は，次の算式により計算する。

$$\text{貸倒れに係る金額} \times \dfrac{7.8}{110}$$

　なお，税額控除の対象となる貸倒れの範囲には次のようなものがあり，所得税法，法人税法と同じ範囲である。ただし，貸付元本及び利子の未収入金など，課税事業者が国内において行った課税資産の譲渡等に係るもの以外の取引に係る債権について貸倒れたものは，貸倒れに係る消費税額の控除の規定は適用されない。

①　会社更生法等の裁定による更生計画認可の決定，民事再生法の規定による再生計画認可の決定，会社法の規定による特別清算に係る協定の認可などにより債権の切捨てがあったこと
②　法令の規定によらない関係者の協議決定で，次に掲げるものにより債権の切捨てがあったこと
イ．債権者集会の協議決定で合理的な基準により債務者の負債整理を定めているもの
ロ．行政機関又は金融機関その他の第三者のあっせんによる当事者間協議により締結された契約でその内容がイに準ずるもの
③　債権に係る債務者の財産の状況，支払能力からみてその債務者が債務の全額を弁済できないことが明らかであること
④　債務者の債務超過の状態が相当期間継続し，その債務を弁済できないと認められる場合において，その債務者に対し書面により債務の免除を行ったこと

確認

設問 次の資料から貸倒れに係る消費税額を計算しなさい。
　　取引先に対する売掛金880,000円（税込価額）につき，会社更生法の規定による更生計画認可の決定により切捨てられることとなった。

解答 $880,000円 \times \dfrac{7.8}{110} = 62,400円$

設問 次の資料から消費税額の納付税額を計算しなさい。
　　(1)　課税標準額に係る消費税額　　　　　　　　4,500,000円
　　(2)　控除対象仕入税額　　　　　　　　　　　　3,200,000円
　　(3)　売上に係る対価の返還等に係る消費税額　　　170,000円
　　(4)　貸倒れに係る消費税額　　　　　　　　　　　120,000円

解答 $4,500,000円 - 3,200,000円 - 170,000円 - 120,000円 = 1,010,000円$

(4) 調整対象固定資産に係る仕入税額控除の調整

① 課税売上割合が著しく変動したときの調整

調整対象固定資産の課税仕入れ等を行い，その課税仕入れ等を行った日の属する課税期間において比例配分法により控除税額を計算していた場合において，第3年度の課税期間における通算課税売上割合が仕入れ等の課税期間における課税売上割合に対して著しく増加又は減少した場合には，第3年度の課税期間における仕入れに係る消費税額に加算し，又は控除する。

> **(注1)**　「調整対象固定資産」とは，棚卸資産以外の資産で，建物及びその附属設備，構築物，機械及び装置，船舶，航空機，車両及び運搬具，工具，器具及び備品，鉱業権その他の資産で，一の取引単位の価額（消費税及び地方消費税に相当する額を除いた価額）が100万円以上のものをいう。
>
> **(注2)**　「比例配分法」とは，個別対応方式において課税資産の譲渡等とその他の資産に共通して要するものについて，課税売上割合を乗じて仕入控除税額を計算する方法又は一括比例配分方式により仕入控除税額を計算する方法をいう。
> なお，課税期間中の課税売上高が5億円以下，かつ，課税売上割合が95％以上であるためその課税期間の課税仕入れ等の税額の全額が控除される場合を含む。
>
> **(注3)**　「第3年度の課税期間」とは，仕入課税期間の初日から3年を経過する日の属する課税期間をいう。
>
> **(注4)**　「通算課税売上割合」とは，仕入課税期間から第3年度の課税期間までの各課税期間中の資産の譲渡等の対価の額の合計額に占める課税資産の譲渡等の対価の額の合計額の割合をいう。

i 著しい変動（増加又は減少）の判定

仕入れ等の課税期間の課税売上割合　　　　　…A

第3年度の課税期間における通算課税売上割合　…B

変動率が50％以上かつ変動差が5％以上である場合に著しい変動があるものとして，調整計算の対象となる。

具体的な判定は下記の通りである。

著しい増加の場合………$\dfrac{(B-A)}{A} \geqq 50\%$　かつ　$B-A \geqq 5\%$

著しい減少の場合………$\dfrac{(A-B)}{A} \geqq 50\%$　かつ　$A-B \geqq 5\%$

ii 第3年度の仕入れに係る消費税額に加算又は控除する調整税額

第3年度の仕入れに係る消費税額に加算又は控除する調整税額の計算は下記の通りである。なお，調整対象基準税額とは第3年度の課税期間の末日において有する調整対象固定資産の課税仕入れ等に係る税額をいう。

著しい増加の場合…（調整対象基準税額×B）−（調整対象基準税額×A）＝調整税額

著しい減少の場合…（調整対象基準税額×A）−（調整対象基準税額×B）＝調整税額

例題

不動産販売業を営む甲株式会社（以下「甲社」という。）に関する次の資料に基づき，課税売上割合が著しく変動した場合の調整対象固定資産に関する仕入れに係る消費税額の調整額を求めなさい。

＜資料＞

(1)　甲社の当課税期間（第16期）及び前課税期間以前の売上高は，次の通りである。

課税期間	課税売上高（税抜金額）	非課税売上高
第16期 R 5.4.1－R 6.3.31	380,000,000円	22,000,000円
第15期 R 4.4.1－R 5.3.31	320,000,000円	3,000,000円
第14期 R 3.4.1－R 4.3.31	200,000,000円	200,000,000円
第13期 R 2.4.1－R 3.3.31	150,000,000円	60,000,000円

(2)　甲社は，令和3年8月23日に店舗用建物を16,500,000円（税込）で購入し，当課税期間の末日において所有している。

(3)　甲社は，第14期における仕入れに係る消費税額の控除の計算を一括比例配分方式により計算している。

(1)　調整対象固定資産の判定

$16,500,000円 \times \dfrac{100}{110} = 15,000,000円 \geqq 1,000,000円 \quad \therefore$ 該当する。

(2)　著しい変動の判定

① 仕入れ等の課税期間の課税売上割合

$\dfrac{A}{B} = 0.5$

A＝200,000,000円

B＝200,000,000円＋200,000,000円

② 通算課税売上割合

$\dfrac{A}{(A+B)} = 0.8$

通算課税売上高（A）＝200,000,000円＋320,000,000円＋380,000,000円＝900,000,000円

通算非課税売上高（B）＝200,000,000円＋3,000,000円＋22,000,000円＝225,000,000円

③ 判定

(イ)　変動率

$\dfrac{0.8-0.5}{0.5} = 0.6 \geqq 50\%$

(ロ)　変動差

$0.8-0.5 = 0.3 \geqq 5\%$

∴著しい変動あり（増加）

(3)　調整対象基準税額

$16,500,000円 \times \dfrac{7.8}{110} = 1,170,000円$

(4) 調整税額

1,170,000円×0.8－1,170,000×0.5＝351,000円

② 調整対象固定資産の転用があった場合の調整

仕入れ等の課税期間において，個別対応方式を採用している課税事業者が，仕入れ等の日以後３年以内に調整対象固定資産を転用した場合には，その転用の日の区分に応じて，次のそれぞれに定める消費税額をその転用の日の属する課税期間における仕入れに係る消費税額に加算又は控除する。転用があった場合の税額調整は，転用という事実があれば適用される。従って，転用日の属する課税期間の末日において，保有していなくても税額調整を行う。

> **(注)** 調整対象税額とは，国内において行った調整対象固定資産の課税仕入れ又は調整対象固定資産に該当する課税貨物に係る課税仕入れ等の税額をいう。

i 課税仕入れ等の日から１年以内に転用した場合
調整対象税額（注）の全額
ii 課税仕入れ等の日から１年超２年以内に転用した場合
調整対象税額の３分の２相当額
iii 課税仕入れ等の日から２年超３年以内に転用した場合
調整対象税額の３分の１相当額

例題

甲株式会社（以下「甲社」という。）は，当課税期間（自令和６年４月１日　至令和７年３月31日）において所有している固定資産につきその用途を変更している。その変更に関する次の資料に基づき，調整対象固定資産を転用した場合の仕入れに係る消費税額の調整額を求めなさい。なお，甲社は，前課税期間（自令和５年４月１日　至令和６年３月31日）以前の各課税期間における仕入れに係る消費税額の控除の計算を個別対応方式により計算している。

＜資料＞
(1) 令和４年７月10日に 30,800,000円（税込）で取得し，非課税業務用として使用していた建物Ａを，令和７年１月10日から課税業務用に転用している。
(2) 令和５年８月23日に 2,750,000円（税込）で取得し，課税業務用として使用していた車両Ｂを，令和６年９月15日から非課税業務用に転用している。

---

(1) 建物 A
① 調整対象固定資産の判定

$$30,800,000円×\frac{100}{110}＝28,000,000円 ≧ 1,000,000円 ∴該当する$$

② 転用時期の判定

令和４年７月10日〜令和７年１月10日（２年６月）≦ ３年 ∴適用あり

調整割合は $\frac{1}{3}$ （２年超３年以内）

③ 調整税額

$$30,800,000円×\frac{7.8}{110}＝2,184,000円$$

$$2,184,000円×\frac{1}{3}＝728,000円 ∴728,000円を加算する。$$

(2) 車両 B

① 調整対象固定資産の判定

$$2,750,000円 \times \frac{100}{110} = 2,500,000円 \quad \geqq \quad 1,000,000円 \quad \therefore 該当する$$

② 転用時期の判定

令和 5 年 8 月 23 日〜令和 6 年 9 月 15 日（ 1 年 1 月） ≦　 3 年　∴適用あり

調整割合は $\frac{2}{3}$ （ 1 年超 2 年以内）

③ 調整税額

$$2,750,000円 \times \frac{7.8}{110} = 195,000円$$

$$195,000円 \times \frac{2}{3} = 130,000円 \quad \therefore 130,000円を控除する。$$

⑸　棚卸資産に係る消費税額の調整

① 免税事業者から課税事業者となる場合の加算処理

　課税事業者となる日の前日に所有する棚卸資産のうち，免税事業者であった期間中の課税仕入れ等に係るものがあるときは，その棚卸資産に係る消費税は，課税事業者となった課税期間の課税仕入れ等の税額とみなして控除対象仕入税額の計算上，課税仕入れ等の税額に加算する。

　なお，高額特定資産を取得した場合等に該当する場合には，上記規定の適用により， 3 年間は，免税事業者又は簡易課税への適用はできなくなる。

② 課税事業者から免税事業者となる場合の減算処理

　免税事業者となる日の前日に所有する棚卸資産のうち課税期間の課税仕入れ等に係るものがあるときは，その棚卸資産に係る消費税は，免税事業者となる課税期間の直前の課税期間においては，控除対象となる仕入税額の計算上，課税仕入れ等の税額から控除する。

③ 調整額の計算

$$棚卸資産の調整税額 ＝ 棚卸資産の取得に要した費用の額 \times \frac{7.8}{110}$$

※軽減税率や旧税率が適用されている場合にはその税率
※輸入取引に該当する場合に課された税額相当額

⑹　居住用賃貸建物の取得に係る仕入税額控除の制限

　事業者が国内において行う別表第一第十三号に掲げる住宅の貸付の用に供しないことが明らかな建物以外の建物（以下「居住用賃貸建物」という。）に係る課税仕入れ等の税額については，仕入れに係る消費税額の控除の規定は適用しない。ただし，居住用賃貸建物のうち，住宅の貸付けの用に供しないことが明らかな部分（例えば，事業用の店舗や事務所など）について合理的に区分できる場合には，仕入れに係る消費税額の控除を受けることができる。

なお，その建物を取得した時において，仕入税額控除の対象外となった居住用賃貸建物について，建物取得日の属する課税期間の初日以後 3 年を経過する日の属する課税期間の末日の翌日までに住宅の貸付以外の貸し付けの用に供した場合やその建物を譲渡した場合には，仕入税額控除額の調整措置として控除すべき金額に加算できる場合がある。

6 勘定科目毎の留意する点

勘定科目	留意点
役員報酬・給与手当	給与は課税仕入れに該当しない。通勤定期券は課税仕入れに該当する。
法定福利費	社会保険料は非課税仕入れとなり，課税仕入れに該当しない。
福利厚生費（＊）	慰安旅行，健康診断，花輪代，新年会費，忘年会費，福利厚生クラブ等の会費は課税仕入れに該当する。
商品荷造運送費	輸出許可を受けた商品は外国貨物に該当し，荷役，保管料等の費用は輸出免税の対象となり，課税仕入れに該当しない。
旅費交通費	外国航空券等の海外旅費は課税仕入れに該当しない。
通信費	郵便切手等又は物品切手等を課税仕入れとする時期については，事業者が継続してその支払った日の属する課税期間の課税仕入れとしている場合にはこれを認める。
接待交際費（＊）	各種商品券の購入は課税仕入れには該当しない。ゴルフプレー代は課税仕入れに該当するが，ゴルフ場利用税は課税仕入れに該当しない。温泉入湯税は課税仕入れに該当しない。
寄附金	事業者がした金銭による寄付は課税仕入れには該当しないが，金銭以外の資産を贈与した場合にはその資産の取得が課税仕入れに該当する場合には，仕入れに係る消費税額の控除の規定が適用される。
地代家賃	賃借している物件が土地等の場合や，居住用社宅の賃料などの場合には，課税仕入れに該当しない。事務所賃貸料などの場合には，課税仕入れに該当する。
諸会費	同業者団体の通常会費で，その団体が資産の譲渡等に係る対価の額に該当しないこととしているときは，その会費は課税仕入れに該当しない。スポーツクラブの会費等の対価性があると認められるものは課税仕入れに該当する。
租税公課	罰金等も含め，事業者自身が納税義務者である租税公課については課税仕入れに該当しない。
減価償却費	消費税対象外取引のため，課税仕入れに該当しない。
支払保険料	保険料は非課税仕入れとなり，課税仕入れに該当しない。
支払利息	支払利息は非課税仕入れとなり，課税仕入れに該当しない。

（＊）軽減税率対象品目が計上される可能性がある。

第8章 簡易課税制度

1 制度の概要

　簡易課税制度とは，その課税期間における課税標準額に対する消費税額を基にして，控除する課税仕入れ等に係る消費税額を計算する方法をいう。

　簡易課税制度の適用を受けるためには，次の要件を満たさなければならないが，この簡易課税制度の適用を受ける事業者であっても，売上げに係る対価の返還等の金額に係る消費税額及び貸倒れに係る消費税額は控除される。

> ① 課税事業者の基準期間における課税売上高が5,000万円以下であること。
> ② 「消費税簡易課税制度選択届出書」を所轄税務署長に提出していること。

> **（参考1）** 消費税簡易課税制度選択届出書は，原則として，適用を受けようとする課税期間の初日の前日までに提出しなければならない。ただし，一定の場合には，課税事業者選択届出書の提出により課税事業者が強制適用される期間や新設法人等の基準期間がない期間中に，調整対象固定資産の仕入れ等を行った事業者は，その仕入れ等を行った日の属する課税期間の初日から3年を経過する日の属する課税期間の初日の前日までの間は，簡易課税制度選択届出書を提出することができない。
> **（参考2）** 令和6年10月1日以後に開始する課税期間からは，国内に所得税法又は法人税法に規定する恒久的施設を有しない国外事業者については，簡易課税制度の適用はされず，本則課税のみとなる。

　なお，簡易課税制度を選択した場合には，原則として2年間継続適用しなければならない。

　簡易課税制度は，その選択の届出を行った日の属する課税期間の翌課税期間以後の課税期間について適用されることを原則とするが，次の課税期間中に届出書の提出があれば，その課税期間から適用される。

　① 国内において課税資産の譲渡等に係る事業を開始した日の属する課税期間
　② 個人事業者が相続により，この適用を受けていた被相続人の事業を承継した場合における相続した日の属する課税期間
　③ 法人が，この制度の適用を受けていた被合併法人の事業を承継した場合における吸収合併した日の属する課税期間

　なお，その基準年度における課税売上高が5,000万円を超える課税期間については，原則的な方法により控除する課税仕入れ等にかかる消費税額を計算するが，再びその基準期間における課税売上高が5,000万円以下となった場合には，その課税期間について，改めて消費税簡易課税制度選択届出書を提出する必要はない。

　この適用を受けている事業者が，この適用をやめようとする場合又は事業を廃止した場合には，「消費税簡易課税制度選択不適用届出書」を選択をやめようとする課税期間の初日の前日までに所轄税務署長に提出することにより，提出した日の属する課税期間の翌課税期間から，原則的な計算方法によることができる。

> **（注）** 消費税簡易課税制度選択不適用届出書は，簡易課税制度の適用を受けた日の属する課税期間の初日から2年を経過する日の属する課税期間の初日以後でなければ提出することができない。

2 みなし仕入率

簡易課税制度において仕入れに係る消費税額とみなされる金額は，その課税期間の課税標準額に対する消費税額（売上対価の返還等の金額がある場合には，その金額に係る消費税額の合計額を控除した後の金額）に事業の種類に応じて定められている次の一定の率（みなし仕入率）を乗じた金額である。

《みなし仕入率》

第一種事業（卸売業）	90%
第二種事業（小売業，農林水産業）	80%
第三種事業（製造業等）	70%
第四種事業（その他の事業）＊1	60%
第五種事業（サービス業等）＊2	50%
第六種事業（不動産業等）＊3	40%

＊1 飲食店，自己使用資産の売却など

＊2 運輸通信業，サービス業，金融業，保険業など

＊3 不動産取引業，不動産賃貸業などの仲介手数料

仕入税額控除額の計算は，次の算式により計算する。

その課税期間の課税標準額に対する消費税額 × みなし仕入率

（注1） 売上に係る対価の返還等を行った場合には，「課税標準額に対する消費税額」から「売上に係る対価の返還等に係る消費税額の合計額」を控除する。

（注2） 「課税標準額に対する消費税額」は，課税標準たる金額の合計額について1,000円未満の端数を切り捨て，その切捨てをした金額に税率を乗じて計算する。

なお，第一種から第五種までの事業のうち2種類以上の事業を営む事業者の場合は，別段の定めがある。

簡易課税の事業区分の判定に当たっては，次のフローチャートが参考になる。

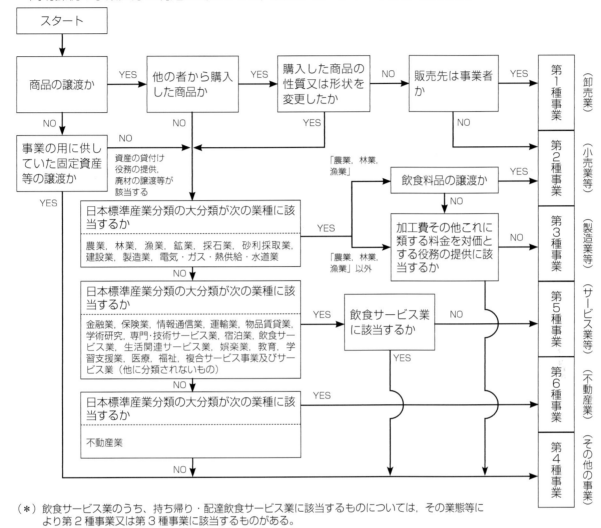

（＊）飲食サービス業のうち、持ち帰り・配達飲食サービス業に該当するものについては，その業態等により第2種事業又は第3種事業に該当するものがある。

【参考】「簡易課税の事業区分について（フローチャート）」
　　　　出典：国税庁ホームページ　https://www.nta.go.jp/law/shitsugi/shohi/20/02.htm)

（注1）　課税資産の譲渡等からは輸出免税等の適用により消費税が免除されるものを除く。
（注2）　固定資産等とは，建物，建物附属設備，構築物，機械及び装置，船舶，航空機，車両及び運搬具，工具，器具及び備品，無形固定資産のほかゴルフ場利用株式等をいう。
（注3）　令和元年10月1日以後，農業，林業又は漁業のうち，飲食料品の譲渡を行う部分は，第2種事業に該当する

確認

設問　小売業を営む課税事業者のその課税期間の課税標準額に対する消費税額は2,600,000円であった。この場合，みなし仕入率を適用したときの仕入税額控除額を計算しなさい。

解答　2,600,000円×80%＝2,080,000円

設問　製造業を営む課税事業者のその課税期間の課税標準額に対する消費税額は7,580,000円であり，また売上に係る対価の返還等に係る消費税額は24,000円であった。この場合，みなし仕入率を適用したときの仕入税額控除額を計算しなさい。

解答　(7,580,000円－24,000円)×70%＝5,289,200円

3 二種類以上の事業を営む場合のみなし仕入率

(1) 原則

次により求めた「みなし仕入率」により控除対象仕入税額の計算をする。

みなし仕入率＝Ａ÷Ｂ

Ａ＝　第1種事業に係る消費税額×90％
　　＋第2種事業に係る消費税額×80％
　　＋第3種事業に係る消費税額×70％
　　＋第4種事業に係る消費税額×60％
　　＋第5種事業に係る消費税額×50％
　　＋第6種事業に係る消費税額×40％

Ｂ＝　第1種事業に係る消費税額
　　＋第2種事業に係る消費税額
　　＋第3種事業に係る消費税額
　　＋第4種事業に係る消費税額
　　＋第5種事業に係る消費税額
　　＋第6種事業に係る消費税額

(2) みなし仕入率の特例

① 二種類以上の事業を営む事業者の場合

区分した事業の課税売上高のうち一種類の事業の課税売上高が75％以上である場合には，その75％以上となる事業の種類に応じ，原則による「みなし仕入率」に代えて75％以上となる事業区分に適用される「みなし仕入率」をその消費税額の全額に適用して控除対象仕入税額を計算することができる。

② 三種類以上の事業を営む事業者の場合

区分した事業の課税売上高のうち二種類の事業区分の課税売上高の合計額が75％以上である場合には，その75％以上となる事業の組み合わせに応じて，原則による「みなし仕入率」に代えて本特例により計算した「みなし仕入率」をその消費税額の全額に適用して控除対象仕入税額を計算することができる。

③ 二種類以上の事業を営む事業者が事業区分をしていない場合

二種類以上の事業を営む事業者が，その売上を事業毎に区分していない場合には，その営む事業区分に適用される「みなし仕入率」のうち，最も低い「みなし仕入率」を消費税額の全体に適用して控除対象仕入税額を計算することとなる。

例題

次の資料に基づき，みなし仕入率を計算しなさい。

＜資料＞

第1種事業に係る消費税額	2,400,000円
第2種事業に係る消費税額	300,000円
第3種事業に係る消費税額	150,000円
第4種事業に係る消費税額	100,000円
第5種事業に係る消費税額	50,000円

---

(1) 原則による場合のみなし仕入率

$\quad$ A÷B＝0.863…

$\quad$ A＝2,400,000円×90%＋300,000円×80%＋150,000円×70%＋100,000円×60%＋50,000円×

$\qquad$ 50%　→　2,590,000円

$\quad$ B＝2,400,000円＋300,000円＋150,000円＋100,000円＋50,000円　→　3,000,000円

(2) 特例による場合のみなし仕入率

$\quad$ ① 二種類以上の事業を営む事業者の場合

$\quad\quad$ 第1種事業の占める割合　2,400,000円÷3,000,000円＝80%　≧　75%　∴0.9

$\quad$ ② 三種類以上の事業を営む事業者の場合

$\quad\quad$ 第1種及び第2種事業の占める割合

$\quad\quad$ (2,400,000円＋300,000円)÷3,000,000円＝90%　≧　75%

$\quad\quad$ A÷B＝0.88

$\quad\quad$ A　2,400,000円×90%＋(3,000,000円－2,400,000円)×80%　→　2,640,000円

$\quad\quad$ B＝2,400,000円＋300,000円＋150,000円＋100,000円＋50,000円　→　3,000,000円

$\quad$ ③ ①＞②　∴　0.9

(3) 判定

$\quad$ (1)　＜　(2)　∴　特例によるみなし仕入率0.9を採用する。

第 **9** 章 国等に対する仕入税額控除の特例

1 納税義務者等

(1) 概要

　納めるべき消費税額の計算は，その課税期間中の課税売上げ等に係る消費税額からその課税期間中の課税仕入れ等に係る消費税額を控除して計算する。しかし，国若しくは地方公共団体の特別会計，公共法人，公益法人等又は人格のない社団等など（以下「国等」という。）の仕入控除税額の計算においては，一般の事業者とは異なり，補助金，会費，寄附金等の対価性のない課税対象外収入が多く計上される。従って，本規定がない場合には一般の事業者よりも国等の方が消費税額の還付が多額に発生してしまうことが考えられる。そこで，これら対価性のない課税対象外収入を「特定収入」としてこれにより賄われる課税仕入れ等の消費税額を控除される仕入税額から控除する（つまり仕入税額控除を制限する）ことで，一般の事業者との調整を図っている。

(2) 適用要件

　次のいずれの要件も満たす場合に，国等に対する仕入税額控除の特例が適用される。

　① 　国・地方公共団体の特別会計，法別表第三に掲げる法人 ^(注) 又は人格のない社団等

　② 　その課税期間における特定収入割合が5％超であること

> **(注)** 法別表第三に掲げる法人
> 　学校法人，社会福祉法人，一般社団（財団）法人，公益社団（財団）法人，医療法人（一定のものに限る）
> 　宗教法人，商工会議所，日本中央競馬会，日本放送協会　等

(3) 特定収入

　特定収入とは，資産の譲渡等の対価以外の収入（課税対象外収入）のうち，その収入によって課税仕入れ等を行う可能性のあるものをいう。例えば，国等から受け取る補助金等や会員からの会費収入，受取配当金，受取寄附金や保険金収入などが該当する。

(4) 特定収入割合

$$\frac{特定収入の合計額}{資産の譲渡等の対価の額の合計額＋特定収入の合計額}$$

> **(注)** 資産の譲渡等の対価の額の合計額に有価証券の譲渡が含まれている場合には，譲渡対価の全額を計上する。

(5) 調整割合

$$\frac{使途不特定の特定収入の合計額^{(注)}}{資産の譲渡等の対価の額の合計額＋使途不特定の特定収入の合計額}$$

> **(注)** 法令又は交付要綱により，使途が明らかにされていないもの。例えば，配当金や保険金，損害賠償金，会費収入等をいう。

例題

甲公益社団法人（以下「甲社」という。）に関する次の資料に基づき，甲社の当課税期間（自令和5年4月1日　至令和6年3月31日）における仕入れに係る消費税額を求めなさい。

＜資料＞

(1) 当課税期間における課税資産の譲渡等の対価の額の合計額は440,000,000円（税込）

(2) 当課税期間における非課税資産の譲渡等の対価の額の合計額は16,000,000円

(3) 当課税期間における特定収入の額の合計額は40,000,000円であるが，その内訳は次の通りである。

　①課税仕入れ等に係る特定収入の額の合計額　　　　　　　15,000,000円

　②課税仕入れ等に係る特定収入以外の特定収入の額の合計額　25,000,000円

(4) 当課税期間における課税仕入れの金額の合計額は220,000,000円（税込）

(5) 当課税期間における課税売上割合は99％である。

(1) 特定収入割合の判定

　① 資産の譲渡等の対価の額の合計額

　　$440,000,000円 \times \dfrac{100}{110} + 16,000,000円 = 416,000,000円$

　② 特定収入の額の合計額

　　40,000,000円

　③ 判定

　　②÷（①＋②）＝0.0877… ＞ 5％ ∴国等の特例適用あり

(2) 調整割合

　②÷（①＋②）

　① 資産の譲渡等の対価の額の合計額

　　$440,000,000円 \times \dfrac{100}{110} + 16,000,000円 = 416,000,000円$

　② 課税仕入れ等に係る特定収入以外の特定収入の額の合計額　25,000,000円

　〔解説〕 使途不特定の特定収入を集計する。

(3) 特定収入に係る課税仕入れ等の税額

　① 課税仕入れ等に係る特定収入に係る税額

　　$15,000,000円 \times \dfrac{7.8}{110} = 1,063,636円$

　② 課税仕入れ等に係る特定収入以外の特定収入に係る税額

　　$(220,000,000円 \times \dfrac{7.8}{110} - 1,063,636円) \times 調整割合 = 824,056円$

　③ ①＋②＝1,887,692円

(4) 仕入れに係る消費税額

　　$220,000,000円 \times \dfrac{7.8}{110} - 1,887,692円 = 13,712,308円$

第 **10** 章 地方消費税の概要

1 納税義務者等

　国内取引（譲渡割）については，消費税の課税事業者に対して，住所等又は本店所在地等の都道府県が地方消費税を課する。

　輸入取引（貨物割）については，課税貨物を保税地域から引き取る者に対して，その保税地域の所在地の都道府県が地方消費税を課する。

2 課税標準

　地方消費税の課税標準は，国内取引については，課税資産の譲渡等に係る消費税額から仕入れ等に係る消費税額等を控除した後の消費税額が課税標準となる。

　また，輸入取引については，課税貨物に係る消費税額が課税標準となる。

3 地方消費税額

地方消費税額は，上記2の課税標準（消費税額）に$\frac{22}{78}$の税率を乗じて計算する。

消費税及び地方消費税の会計処理については，次の方法がある。

(1) 税込経理方法

　消費税及び地方消費税に相当する額を収益の額又は費用の額に含めて会計処理する方法

(2) 税抜経理方法

　消費税及び地方消費税に相当する額を収益の額又は費用の額に含めないで会計処理する方法

　いずれの経理方法を採用するかは事業者の任意であり，納付する消費税額及び地方消費税額は同額となる。

1 会計処理の方法

　消費税及び地方消費税（以下「消費税等」という。）の会計処理の方法について，その特徴等をまとめると次のようになる。

区　　　分	税　込　経　理　方　法	税　抜　経　理　方　法
特　　　徴	売上げ又は仕入れに係る消費税等の額は，売上金額，資産の取得価額又は経費等の金額に含まれるため，企業の損益は消費税等によって影響されるが，税抜計算の手数が省ける。	売上げ又は仕入れに係る消費税等の額は，仮受消費税等又は仮払消費税等とされ，企業を通り過ぎるだけの税金にすぎないため，企業の損益は消費税等によって影響されないが，税抜計算の手数がかかる。
売上げに係る消費税額	売上金額に含めて収入又は利益として含めて計上する。	仮受消費税等として処理する。
仕入れに係る消費税額	仕入金額，資産の取得価額又は経費に含めて計上する。	仮受消費税等として処理する。
納 付 税 額	租税公課として費用の額に計上する。	仮受消費税等から仮払消費税等を控除した金額の支出として処理し，損益には関係させない。
還 付 税 額	雑収入として収益の額に計上する。	仮払消費税等から仮受消費税等を控除した金額の入金として処理し，損益には関係させない。

2 具体的な仕訳例

税込経理方式と税抜経理方式による仕訳は次のようになる。

取 引	税 込 処 理 方 法	税 抜 処 理 方 法
商品110,000円（税込み）を仕入れ，代金を掛けとした。	（仕　入）110,000　（買掛金）110,000	（仕　入）100,000　（買掛金）110,000 （仮払 消費税等）10,000
商品22,000円（税込み）を返品をした。	（買掛金）22,000　（仕　入）22,000	（買掛金）22,000　（仕　入）20,000 　　　　　　　　　（仮払 消費税等）2,000
商品198,000円（税込み）を掛けで売上げた。	（売掛金）198,000　（売　入）198,000	（売掛金）198,000　（売　入）180,000 　　　　　　　　　（仮受 消費税等）18,000
商品27,500円（税込み）の返品があった。	（売　入）27,500　（売掛金）27,500	（売　入）25,000　（売掛金）27,500 （仮受 消費税等）2,500
売掛金880円（税込み）が貸倒れとなった。	（貸倒損失）880　（売掛金）880	（貸倒損失）800　（売掛金）880 （仮受 消費税等）80
備品660,000円（税込み）を購入し，小切手を振り出した。	（備　品）660,000　（当座預金）660,000	（備　品）600,000　（当座預金）660,000 （仮払 消費税等）60,000
期末において，納付すべき消費税額等100,000円を未払消費税等に計上した。	（租税公課）100,000　（未払 消費税等）100,000	（仮受 消費税等）300,000　（仮払 消費税等）200,000 　　　　　　　　　（未払 消費税等）100,000 （注）仮払消費税等勘定，仮受消費税等勘定の残高が上記の額であったものとする。
翌期において未払消費税等100,000円を現金で納付した。	（未払 消費税等）100,000　（現　金）100,000	（未払 消費税等）100,000　（現　金）100,000
期末において消費税額等の還付80,000円を現金で受けた。	（現　金）80,000　（雑収入）80,000	（現　金）80,000　（仮払 消費税等）210,000 （仮受 消費税等）130,000 （注）仮払消費税等勘定，仮受消費税等勘定の残高が上記の額であったものとする。

46

⑴　制度の概要

　令和元年10月1日より，消費税及び地方消費税の税率が8％から10％へ引き上げられると同時に，消費税の軽減税率制度が実施される。軽減税率制度は，一部の飲食料品や新聞の譲渡について適用され，8％の軽減税率が適用されている。

⑵　軽減税率制度の導入スケジュール

　令和元年10月〜　軽減税率制度の導入，区分記載請求書等保存方式の導入

　令和5年10月〜　適格請求書等保存方式

⑶　軽減税率制度対象品目

　①　飲食料品の譲渡

　　食品表示法に規定する食品が対象となる。食品表示法に規定する食品とは，人の飲用又は食用に供されるものとして販売されるものである。ただし，酒税法に規定する酒類（酒類に該当する味醂などの調味料を含む）及び外食・ケータリング等は一部例外を除き軽減税率の対象から除かれている。なお，輸入される食品についても消費税法上，軽減税率制度の対象となる飲食料品に該当すれば，国内において販売されている飲食料品と同様に軽減税率制度の対象となる。

　②　新聞の譲渡

　　軽減税率制度の対象となる新聞の譲渡とは，定期購読契約が締結された新聞の譲渡である。対象となる新聞は一定の題号を用い，政治，経済，社会，文化等に関する一般社会的事実を掲載する週2回以上発行する新聞である。つまり，雑誌，書店で購入する書籍や新聞，紙媒体以外の新聞（電子版新聞など）は軽減税率制度の対象とはならない。

　③　一体資産

　　一体資産とは，食品と食品以外の資産があらかじめ一の資産を形成し，又は構成しているものであって，その一の資産に係る価格のみが掲示されているものをいう。例えば，おもちゃ付きお菓子や茶葉とティーカップのセット，食品と食品以外が含まれている福袋などがこれにあたる。一体資産は原則として軽減税率制度の対象ではないが，次の要件を満たすとその譲渡全体に軽減税率が適用される。

　　イ　一体資産の税抜販売価格が1万円以下

　　ロ　一体資産のうちに食品に係る部分の価額が占める割合として合理的に計算した割合が3分の2以上であること

⑷　区分記載請求書等保存方式

　現行の請求書等保存方式においては，下記の項目の記載が要求されている。

　・発行者の氏名又は名称

　・取引年月日

　・取引の内容

　・対価の額（税込み）

　・受領者の氏名又は名称

　区分記載請求書等保存方式においては，上記に加え下記を追加することが求められる。

　・軽減対象資産の譲渡等である旨

　・税率毎に合計した課税資産の譲渡等の対価の額（税込み）

⑸　適格請求書等保存方式

　適格請求書等保存方式においては，区分記載請求書等保存方式に記載すべき事項に加え下記を追加

することが求められる。
　　　・登録番号
　　　・税率毎の消費税額及び適用税率
　⑹　中小事業者についての税額計算の特例
　　①　売上税額計算の特例
　　　中小事業者（基準期間における課税売上高が5,000万円以下である事業者）につき，国内において行う課税資産の譲渡等の税率を異なるごとに区分することにつき困難な事情があるときは，令和元年10月１日から令和５年９月30日までの間に行った課税資産の譲渡等については一定の方法により売上税額を計算する特例が設けられている。なお，当該期間をまたぐ課税期間においては，これらの日前後で適用関係が変わることに注意しておく必要がある。
　　　一定の方法とは
　　　・小売等軽減仕入割合の特例（卸売業・小売業のみ）
　　　・軽減売上割合の特例
　　　・その他一定の方法

第13章 適格請求書等保存方式（インボイス制度）

1 適格請求書等保存方式の概要

令和5年10月1日より適格請求書等保存方式（以下「インボイス制度」という）が導入された。インボイス制度では，適格請求書等発行事業者として登録を受けた事業者から交付を受けた適格（簡易）請求書の保存が，仕入税額控除の要件とされる。適格請求書（インボイス）を発行できるのは，「適格請求書発行事業者」に限られ，この「適格請求書発行事業者」になるためには，登録申請書を提出し，登録を受ける必要がある。

〔参考〕 買手が発行する仕入明細書についても，一定の記載事項を満たせばインボイスとして利用できる。

2 適格請求書発行事業者

適格請求書発行事業者となるには，納税地の所轄税務署長に登録を受けなければならない。登録申請は令和3年10月1日より開始されており，インボイス制度が始まる令和5年10月1日から適格請求書発行事業者としてインボイスを発行するためには，原則として令和5年3月31日までに登録を受ける必要がある。ただし，同日以降も登録は受け付けている。登録を受けた事業者は，基準期間における課税売上高が1,000万円以下の事業者であっても，納税義務は免除されず，必ず課税事業者となるため，消費税の納税義務が発生する。

3 適格請求書

売手が買手に対して，正確な適用税率や消費税額等を伝えるもので，具体的には，現行の「区分記載請求書」に「登録番号」，「適用税率」及び「消費税等」の記載が追加された書類やデータをいう。売手は，買手である取引相手（課税事業者）から求められたときは，適格請求書を交付する義務があり，交付したインボイスの写しを保存しなければならない。

4 適格簡易請求書

不特定多数の者に対して販売等を行う小売業，飲食店業，タクシー業等に係る取引については，適格請求書に代えて，適格簡易請求書を交付することができる。適格簡易請求書の記載事項は，適格請求書の記載事項よりも簡易なものとされている。
【適格請求書との相違点】
・「請求書受領者の氏名又は名称」の記載が不要
・「税率ごとに区分した消費税額等」又は「適用税率」のいずれか一方の記載で足りる

5 売上税額の計算

原則的には，従来通りの割戻計算によることとされるが，適格請求書等発行事業者の登録を受けた事業者については，積上計算によることができる。

6 仕入税額の計算

　売上税額の計算を割戻計算によっている場合，積上計算または割戻計算のいずれかを選択適用できる。ただし，売上税額の計算を積上計算によっている場合には，仕入税額の計算についても積上計算のみ採用することとなる。

7 その他

　インボイス制度へのスムーズな移行のため，簡易課税制度の選択の特例や，免税事業者のための売上税額の計算特例などが用意されている。

⑴　免税事業者等からの仕入れに係る仕入税額控除の経過措置

　　適格請求書等保存方式の下では，適格請求書発行事業者以外の者（消費者，免税事業者又は登録を受けていない課税事業者）からの課税仕入れについては，適格請求書等の交付を受けることができないことから，仕入税額控除を行うことができない。ただし，適格請求書等保存方式開始から一定期間は，適格請求書発行事業者以外の者からの課税仕入れ（一の者からの課税仕入れにつき，その年または事業年度中において 10 億円を超える場合には，その超える部分の金額は除く。）であっても，仕入税額相当額に一定割合を乗じて計算した額を仕入税額とみなして控除できる経過措置が設けられている。

期　　　　　　　間	割　合
令和 5 年 10 月 1 日から令和 8 年 9 月 30 日	80%
令和 8 年 10 月 1 日から令和 11 年 9 月 30 日	50%

⑵　小規模事業者に対する税負担の軽減措置（2 割特例）

　　免税事業者が令和 5 年 10 月 1 日から令和 8 年 9 月 30 日までの日の属する課税期間において適格請求書発行事業者としての登録を行った場合又は課税事業者選択届出書を提出したことにより，事業者免税点制度の適用を受けられない場合（令和 5 年 10 月 1 日前から課税事業者となっている事業者を除く。）には，確定申告書にその旨を付記することで，その課税期間の納付すべき消費税額を課税標準額に対する消費税額の 2 割相当額とすることができる。ただし，課税事業者が適格請求書発行事業者となった場合で，適格請求書発行事業者となった課税期間の翌課税期間以降の課税期間について，基準期間における課税売上高が 1 千万円超である場合または課税期間を短縮している場合には，2 割特例の適用は受けることができない。

(参考) 国外事業者の令和 6 年 10 月 1 日以降開始する課税期間については，国内に所得税法又は法人税法に規定する PE（恒久的施設）を有していない場合には，本特例の適用を受けることはできない。

第1問 中間申告

　甲株式会社（以下「甲社」という。）は課税事業者であるが、下記資料に基づき、同社の令和6年4月1日から令和7年3月31日までの課税期間における消費税の中間申告額を計算しなさい。甲社は仮決算による中間申告書の提出は行っていない。なお、納付すべき地方消費税の額については計算する必要はない。

＜資料＞

(1) 当初申告分（期限内申告）　　　　3,500,000円

(2) 第一回修正申告分　　　　1,000,000円（令和6年9月15日提出）

(3) 第二回修正申告分　　　　600,000円（令和6年12月22日提出）

第2問 減額更正があった場合の中間申告

　株式会社甲（以下「甲社」という。）の前課税期間に係る消費税額は，次の資料のとおりである。この資料に基づき，甲社の当課税期間（自令和6年4月1日 至令和7年3月31日）の三月中間申告対象期間に基づく中間納付消費税額を計算しなさい。なお，甲社は，当課税期間中に仮決算に基づく中間申告書は提出していない。

〔資 料〕

1. 令和6年5月31日　当初申告確定額　　　3,996,000円

2. 令和6年9月30日　修正申告分　　　150,000円　増加

3. 令和7年1月10日　減額更正分　　　156,000円　減少

第3問 相続があった場合の納税義務の免除の特例(1)

　個人事業者である甲は、令和6年7月7日に父の事業を相続で承継している。次の資料に基づき、甲の令和6年度における消費税の納税義務の判定及び課税売上高の取扱いについて、解答欄に従って説明しなさい。なお、甲は「消費税課税事業者選択届出書」の提出は行っていない。

＜資料＞

(1) 甲の各年度における課税売上高（税抜金額）

　① 令和6年度　　　　9,400,400円

　　（内訳：1/1〜7/7　3,182,400円　7/8〜12/31　6,218,000円）

　② 令和5年度　　　　7,150,000円

　③ 令和4年度　　　　8,930,000円

　④ 令和3年度　　　　4,841,000円

(2) 甲の父の各年における課税売上高（税抜金額）

　① 令和6年度　　　　9,360,000円（1/1〜7/7）

　② 令和5年度　　　　6,769,000円

　③ 令和4年度　　　15,000,000円

　④ 令和3年度　　　　9,213,000円

第４問　相続があった場合の納税義務の免除の特例(2)

個人事業者甲は、令和６年７月 10 日に父の事業を相続で承継している。次の資料に基づき、甲の令和５年における消費税の納税義務の判定及び課税売上高の取扱いについて、解答欄に従って説明しなさい。なお、甲は「消費税課税事業者選択届出書」の提出は行っていない。

＜資料＞

(1) 甲の各年度における課税売上高（税抜金額）

① 令和６年度　　　　　9,800,000 円
　（内訳：1/1～7/10　4,600,000 円　7/11～12/31　5,200,000 円）
② 令和５年度　　　　　7,150,000 円
③ 令和４年度　　　　　7,050,000 円
④ 令和３年度　　　　　4,570,000 円

(2) 甲の父の各年度における課税売上高（税抜金額）

① 令和６年度　　　　　7,500,000 円（1/1～7/10）
② 令和５年度　　　　　9,800,000 円
③ 令和４年度　　　　11,000,000 円
④ 令和３年度　　　　　9,500,000 円

第５問　調整対象固定資産（著しく変動した場合）(1)

不動産販売業を営む甲株式会社（以下「甲社」という。）に関する次の資料に基づき、課税売上割合が著しく変動した場合の調整対象固定資産に関する仕入れに係る消費税額の調整額を求めなさい。

＜資料＞

(1) 甲株式会社の当課税期間(第 16 期)及び前課税期間以前の売上高は、次のとおりである。

課税期間	課税売上高（税抜金額）	非課税売上高
第 16 期 R6.4.1－R7.3.31	360,100,000 円	1,193,694,000 円
第 15 期 R5.4.1－R6.3.31	320,000,000 円	123,456,000 円
第 14 期 R4.4.1－R5.3.31	198,000,000 円	0 円
第 13 期 R3.4.1－R4.3.31	286,500,000 円	0 円

(2) 甲社は、令和４年７月 10 日に営業用車両を 4,400,000 円(税込) で購入し、当課税期間の末日において所有している。

(3) 甲社は、第 14 期における仕入れに係る消費税額の控除の計算を一括比例配分方式により計算している。

第 6 問　調整対象固定資産（著しく変動した場合）(2)

　不動産販売業を営む甲株式会社（以下「甲社」という。）に関する次の資料に基づき、課税売上割合が著しく変動した場合の調整対象固定資産に関する仕入れに係る消費税額の調整額を求めなさい。

＜資料＞

(1) 甲社の当課税期間(第 22 期)及び前課税期間以前の売上高は、次のとおりである。

課税期間	課税売上高（税抜金額）	非課税売上高
第 22 期 R6.4.1－R7.3.31	644,619,000 円	56,146,000 円
第 21 期 R5.4.1－R6.3.31	805,385,000 円	31,850,000 円
第 20 期 R4.4.1－R5.3.31	155,440,000 円	424,560,000 円
第 19 期 R3.4.1－R4.3.31	259,000,000 円	76,500,000 円

(2) 甲社は、令和 4 年 3 月 10 日に店舗用建物を 77,000,000 円(税込) で購入し、当課税期間の末日において所有している。

(3) 甲社は、第 20 期における仕入れに係る消費税額の控除の計算を一括比例配分方式により計算している。

第 7 問　調整対象固定資産（転用があった場合）(1)

　甲株式会社（以下「甲社」という。）は、当課税期間（自令和 6 年4月1日　至令和 7 年3月 31 日）において所有している固定資産につきその用途を変更している。その変更に関する次の資料に基づき、調整対象固定資産を転用した場合の仕入れに係る消費税額の調整額を求めなさい。なお、甲社は、前課税期間（自令和 5 年4月1日　至令和 6 年3月 31 日）以前の各課税期間における仕入れに係る消費税額の控除の計算を個別対応方式により計算している。

＜資料＞

(1) 令和 4 年 5 月 8 日に 4,400,000 円(税込) で取得し、非課税業務用として使用していた車両 A を、令和 6 年 10 月 10 日から課税業務用に転用している。

(2) 令和 5 年 10 月 19 日に 3,300,000 円(税込) で取得し、課税業務用として使用していた車両 B を、令和 6 年 8 月 18 日から非課税業務用に転用している。

第8問　調整対象固定資産（転用があった場合）(2)

　甲合同会社（以下「甲社」という。）は、当課税期間（自令和6年4月1日　至令和7年3月31日）において所有している固定資産につきその用途を変更している。その変更に関する次の資料に基づき、調整対象固定資産を転用した場合の仕入れに係る消費税額の調整額を求めなさい。

　なお、甲社は税込経理方式を採用している。また、甲社の前課税期間（自令和5年4月1日　至令和6年3月31日）以前の各課税期間における仕入れに係る消費税額の控除の計算を個別対応方式により計算している。

＜資料＞

(1) 令和5年7月10日に1,650,000円(税込)で取得し、課税業務用として使用していた備品を、令和7年2月7日から非課税業務用に転用している。

(2) 令和5年12月15日に3,300,000円(税込)で取得し、非課税業務用として使用していた車両を、令和6年12月25日から課税業務用に転用している。

第9問　簡易課税制度

　甲株式会社（以下「甲社」という。）の令和6年4月1日から令和7年3月31日までの課税期間（事業年度）における取引等の状況は次の＜資料＞のとおりである。これに基づき、この課税期間における納付すべき消費税の額を計算しなさい。なお、計算に当たっては、消費税法第37条の1項（中小事業者の仕入れに係る消費税額の控除の特例）を適用することとし、同法の規定を適用するための条件は満たしているものとする。

＜資料＞

1．甲社の当課税期間における消費税に関する売上高等(すべて国内取引に該当する。)は、次のとおりである。

　(1) 商品売上　54,626,000円

　　　上記(1)の内訳は、他の事業者向け売上高　19,800,000円、消費者に対する売上高25,850,000円、商品修理売上高8,976,000円

　(2) (1)に対する売上値引高　465,300円

　　　上記(2)の内訳は、他の事業者向け売上高に対するもの176,000円、消費者に対する売上高に対するもの220,000円、商品修理売上高に対するもの69,300円

　(3) ゴルフ場利用株式等の売却収入　902,000円

　(4) 投資目的の建物売却収入　2,640,000円

2．上記の他、計算にあたって考慮すべき取引は下記のとおりである。

　(1) 取引先A社に対する売掛金の早期回収による売上割引38,500円がある。

　(2) 当課税期間中に甲社の役員Bに対して自社所有の美術品A(時価264,000円、帳簿価額160,000円)を贈与している。

　(3) 甲社は商品仕入に係る買掛金110,000円の弁済として美術品B(時価110,000円、帳簿価額90,000円)を仕入れ先であるE社に対し引渡している。

3．甲社の消費税の会計処理方法は税込方式を採用している。

第10問　国等の仕入税額控除の特例(1)

　公益社団法人甲社（以下「甲社」という。）に関する次の資料に基づき、甲社の当課税期間（自令和6年4月1日　至令和7年3月31日）における特定収入に係る課税仕入れ等の税額を求めなさい。

＜資料＞

(1) 当課税期間における課税資産の譲渡等の対価の額の合計額は 660,000,000 円（税込）

(2) 当課税期間における非課税資産の譲渡等の対価の額の合計額は 25,000,000 円

(3) 当課税期間における特定収入の額の合計額は 90,000,000 円であるが、その内訳は次のとおりである。

　　① 課税仕入れ等に係る特定収入の額の合計額　　　　　40,000,000 円

　　② 課税仕入れ等に係る特定収入以外の特定収入の額の合計額　50,000,000 円

(4) 当課税期間における課税仕入れの金額の合計額は 390,082,000 円(税込)

(5) 当課税期間における課税売上割合は 96%である。

第11問　国等の仕入税額控除の特例(2)

　公益法人甲社（以下「甲社」という。）に関する次の資料に基づき、甲社の当課税期間（自令和6年4月1日　至令和7年3月31日）における特定収入に係る課税仕入れ等の税額を計算しなさい。

＜資料＞

(1) 当課税期間における課税資産の譲渡等の対価の額の合計額は 699,026,449 円（税込）

(2) 当課税期間における非課税資産の譲渡等の対価の額の合計額は 26,478,270 円

(3) 当課税期間における特定収入の額の合計額は 120,000,000 円であるが、その内訳は次のとおりである。

　　① 課税仕入れ等に係る特定収入の額の合計額　　　　　30,000,000 円

　　② 課税仕入れ等に係る特定収入以外の特定収入の額の合計額　90,000,000 円

(4) 当課税期間における課税仕入れの金額の合計額は 474,166,220 円（税込金額）である。

(5) 当課税期間における課税売上割合は 96%である。

次の資料に基づき、株式会社甲（以下「甲社」という。）の当期（令和6年4月1日から令和7年3月31日まで）の控除対象仕入税額を計算しなさい。なお、甲社は税込経理を行っている。

＜資料＞

1．当期の課税売上割合は94％であり、軽減税率の対象となる商品や費用は含まれていない。

2．甲社は、設立以来当期まで課税事業者であったが、翌期は納税義務が免除されることが判明している。

(1) 売上原価は9,567,000円であり、その内訳は、次のとおりである。

期首商品棚卸高	753,000円
当期商品仕入高	9,450,000円
期末商品棚卸高	636,000円

　イ．商品はすべて国内で仕入れたものである。

　ロ．期首商品棚卸高は、すべて前期に仕入れたものであり、期末商品棚卸高は、前期に仕入れたもの42,000円と当期に仕入れたもの594,000円の合計額である。

(2) その他の事項

売上原価以外の費用のうち課税仕入れに該当する額は8,350,000円であり、その内訳は次のとおりである。

イ．課税資産の譲渡等にのみ要するもの	3,550,000円
ロ．その他の資産の譲渡等にのみ要するもの	220,000円
ハ．課税資産の譲渡等とその他の資産の譲渡等に共通して要するもの	4,580,000円

第13問 総合問題

　Z株式会社は製造機械及び工具の販売業を営んでいる課税事業者であるが，同社の令和5年10月1日から令和6年9月30日までの課税期間における取引等の状況は次の〔資料〕のとおりである。

　これに基づき，この課税期間における納付すべき消費税の額をその計算過程（判断を要する部分については，その理由を含む。）を示して計算しなさい。

　なお，計算に当たっては，次の事項を前提として解答しなさい。

(1) Z株式会社は，前課税期間以前も課税事業者であり，個別対応方式により仕入控除税額の計算を行い確定申告をしている。

(2) Z株式会社は，「消費税簡易課税制度選択届出書」の提出はしていない。

(3) 消費税法上，適用される計算方法が2以上ある事項については，当課税期間の消費税額が最も少なくなる方法によるものとする。

(4) 会計帳簿による経理は，すべて消費税及び地方消費税込みの金額により処理している。

(5) 当課税期間に行った課税仕入れ等については，その事実を明らかにする帳簿及び請求書等が，また，輸出取引については，その証明書類が，それぞれ保存されている。

(6) 納付すべき地方消費税の額については，計算する必要はない。

〔資料〕

1．Z株式会社の当課税期間の損益計算書の内容は次のとおりである。

損 益 計 算 書

（自令和5年10月1日　至令和6年9月30日）　　　（単位：円）

Ⅰ 売 上 高			
総 売 上 高		757,725,000	
売 上 値 引		5,323,000	752,402,000
Ⅱ 売 上 原 価			
期首商品棚卸高		52,742,000	
当期商品仕入高			
総 仕 入 高	531,857,000		
仕 入 値 引	4,803,000	527,054,000	
計		579,796,000	
期末商品棚卸高		53,115,000	526,681,000
売 上 総 利 益			225,721,000
Ⅲ 販売費及び一般管理費			
役 員 報 酬		45,600,000	
従業員給与手当		79,200,000	
法 定 福 利 費		12,480,000	
福 利 厚 生 費		1,248,000	

商品荷造運送費	11,151,000	
販 売 奨 励 金	3,762,000	
旅 費 交 通 費	4,703,000	
通 信 費	3,740,000	
広 告 宣 伝 費	2,859,000	
接 待 交 際 費	3,503,000	
寄 附 金	2,330,000	
水 道 光 熱 費	2,174,000	
地 代 家 賃	7,284,000	
租 税 公 課	19,600,000	
修 繕 費	3,150,000	
リ ー ス 料	980,000	
減 価 償 却 費	4,250,000	
支 払 保 険 料	470,000	
その他の費用	13,917,000	222,401,000
営 業 利 益		3,320,000
IV 営 業 外 収 益		
受 取 利 息	1,314,000	
受 取 配 当 金	2,494,000	
仕 入 割 引	40,000	
社宅使用料収入	1,560,000	
保養所施設利用料収入	660,000	
雑 収 入	2,400,000	8,468,000
V 営 業 外 費 用		
支 払 利 息	5,923,000	
貸 倒 損 失	2,286,000	8,209,000
経 常 利 益		3,579,000
VI 特 別 利 益		
固定資産売却益	56,060,000	
償却債権取立益	486,000	56,546,000
VII 特 別 損 失		
投資有価証券売却損	3,700,000	
有価証券売却手数料	879,000	4,579,000
税引前当期利益		55,546,000

2．損益計算書の内容に関して付記すべき事項は次のとおりである。

(1) 総売上高の内訳は，次のとおりである（いずれの売上高も非課税取引に係るものは含まれていない）。

① 輸出免税の対象取引に係る売上高 　　　　　　　　　　　　　45,314,000 円

② 国内の事業者及び消費者に対する売上高 　　　　　　　　　712,411,000 円

(2) 売上値引は，上記(1)の②に係るものである。

　　なお，Z 株式会社は，売上げの値引きについては，すべて売上値引勘定で処理している。

(3) 総仕入高には，Z 株式会社が輸入し，保税地域から引き取った商品分 74,251,000 円が含まれており，これ以外のものについては，国内における課税仕入れに該当するものである。

　　なお，74,251,000 円には，輸入の際税関に納付した消費税額 4,848,000 円及び地方消費税額 1,368,000 円並びに当課税期間中に引き取った課税貨物につき納期限の延長を受けて未納となっている消費税額 364,000 円及び地方消費税額 102,000 円が含まれている。

(4) 仕入値引は，すべて当課税期間に国内で仕入れた課税商品に係るものである。

(5) 従業員給与手当のうち 4,638,000 円は，従業員に対する通勤定期代の支給額である。

(6) 法定福利費は，Z 株式会社負担分の社会保険料である。

(7) 福利厚生費の内訳は，次のとおりである。

① 従業員慰安国内旅行費用 　　　　　　　　　　　　　　　　　658,000 円

　　このうち 46,000 円は入湯税である。

② 従業員に対する慶弔金 　　　　　　　　　　　　　　　　　　370,000 円

③ 従業員に係る健康診断料 　　　　　　　　　　　　　　　　　220,000 円

(8) 商品荷造運送費は，いずれも販売した機械器具に係るものであり，その内訳は次のとおりである。

① 輸入商品に係る通関業務料金 　　　　　　　　　　　　　　　216,000 円

② 国内販売商品に係る国内運賃及び荷造費 　　　　　　　　　8,968,000 円

③ 輸出商品に係る Z 株式会社から国内の港までの運賃 　　　　226,000 円

④ 輸出商品に係る国内の港から外国の港までの運賃 　　　　　1,165,000 円

⑤ 輸出許可を受けた商品の荷役及び保管料 　　　　　　　　　126,000 円

(9) 販売奨励金は，国内における商品の販売促進の目的で取引先に支払ったものである。

(10) 旅費交通費には，海外出張に係る旅費及び宿泊費 940,000 円が含まれているが，それ以外は国内の旅費及び宿泊費である。

(11) 通信費には，当課税期間末日現在未使用の郵便切手購入費 123,000 円及び国際通信費 430,000 円が含まれている。

　　なお，上記以外は国内通信に係るものである。

(12) 広告宣伝費は，Z 株式会社が販売している製造機械及び工具の国内における広告宣伝に係るものである。

(13) 接待交際費の内訳は，次のとおりである。

① 取引先に対する贈答品（酒・ビール）購入費 　　　　　　　1,313,000 円

② 取引先に対する贈答品（ビール券）購入費 　　　　　　　　552,000 円

③ 取引先接待飲食費 　　　　　　　　　　　　　　　　　　　932,000 円

④ 取引先接待ゴルフ費　367,000 円

　　このうち 11,000 円はゴルフ場利用税である。

⑤ 取引先の慶弔に伴う花輪代等　339,000 円

　　このうち 66,000 円は花輪代，残額は現金による慶弔金である。

(14) 寄附金の内訳は，次のとおりである。

① 社会福祉法人に寄贈した車いすの購入費相当額　850,000 円

② 某県立高校に寄贈したパソコンの購入費相当額　880,000 円

③ 日本赤十字社に対して現金で行った寄附金　600,000 円

(15) 水道光熱費は，すべて課税仕入れに該当する。

(16) 地代家賃の内訳は，次のとおりである。

① 商品倉庫の賃借料　3,960,000 円

② 従業員用社宅の借上料　2,400,000 円

③ 保養所施設の借上料　924,000 円

(17) 租税公課のうち 4,838,000 円は，消費税中間納付額である。

(18) 修繕費は，7 月の自然災害で被害を受けた店舗に係るものであり，保険会社から受け取った保険金 2,000,000 円は雑収入として処理している。

(19) リース料は事務処理用コンピュータに係るものであり，このうち 98,000 円は金利部分である。

(20) その他の費用のうち，課税仕入れとなる費用は 11,000,000 円である。

(21) 販売費及び一般管理費に属する勘定科目で，役員報酬，従業員給与手当，法定福利費，福利厚生費，旅費交通費，通信費，接待交際費，寄附金，水道光熱費，修繕費，リース料及びその他の費用のうち課税仕入れとなるものは，課税資産の譲渡等とその他の資産の譲渡等に共通して要する課税仕入れに該当する。

(22) 仕入割引は，当課税期間における国内仕入れに係る買掛金の支払いを契約より早期に行ったため仕入先から受けたものである。

(23) 貸倒損失の内訳は，令和元年 9 月に国内で販売した商品に係る売掛金 1,836,000 円及び令和 5 年 2 月の輸出取引に係る売掛金 450,000 円が貸倒れとなったものである。

(24) 固定資産売却益は，Z 株式会社が所有していた土地（帳簿価額 130,000,000 円，時価 195,000,000 円）及びその土地の上に存していた建物（帳簿価額 18,000,000 円，時価 19,800,000 円）が当課税期間に国に収用され，対価補償金として 204,060,000 円を取得したことによるものである。

(25) 償却債権取立益は，Z 株式会社が令和元年 5 月に商品を国内で販売した代金が貸倒れとなり，前課税期間において貸倒処理したものについて，当課税期間に領収したものである。

(26) 投資有価証券売却損及び有価証券売却手数料は，当課税期間において売却した株式（売却価額 58,650,000 円，帳簿価額 62,350,000 円）に係るものである。

　　なお，この株式はゴルフ場利用株式等に該当しない。

(27) 上記(18)に係る金額以外で，雑収入に課税対象となるものは含まれていない。

３．当課税期間における上記以外の資産の増減に関する資料は，次のとおりである。

(1) Ｚ株式会社は，商品仕入れに係る買掛金 440,000 円の弁済として時価 495,000 円の絵画を引き渡している。

(2) Ｚ株式会社は，同社の役員に商品（仕入価額 220,000 円，通常の販売価額 313,500 円）を贈与している。

(3) Ｚ株式会社は，商品配送用車両を 4,070,000 円で購入している。

第1問　中間申告

1. 第1四半期

   <u>3,500,000</u>円÷<u>12</u>×<u>3</u>＝<u>874,998</u>円　≦　<u>1,000,000</u>円

   ∴第1四半期における中間申告は必要<u>なし</u>。

2. 第2四半期

   （<u>3,500,000</u>円＋<u>1,000,000</u>円）÷<u>12</u>×<u>3</u>＝<u>1,125,000</u>円　＞　<u>1,000,000</u>円

   ∴第2四半期における中間申告は必要である。納税額は<u>1,125,000</u>円となる。

3. 第3四半期

   （<u>3,500,000</u>円＋<u>1,000,000</u>円＋<u>600,000</u>円）÷<u>12</u>×<u>3</u>＝<u>1,275,000</u>円＞<u>1,000,000</u>円

   ∴第3四半期における中間申告は必要である。納税額は<u>1,275,000</u>円となる。

4. 合計

   確定した消費税額から控除できる中間申告分の消費税額は<u>2,400,000</u>円である。

第2問　減額更正があった場合の中間申告

1. 4月～6月

   $$\frac{3,996,000 \text{円}}{12} \times 3 = \underline{999,000}\text{円} \quad \gtreqless \quad 1,000,000\text{円}$$

   故に、適用（　あり　・　⓪なし　）　　　　　　　　0円

2. 7月～9月

   $$\left[\frac{3,996,000\text{円}+150,000\text{円}}{12} \times 3 = \underline{1,036,500}\text{円} \right] \gtreqless 1,000,000\text{円}$$

   故に、適用（　⓪あり　・　なし　）　　<u>1,036,500</u>円

3. 10月～12月

   $$\left[\frac{3,996,000\text{円}+150,000\text{円}}{12} \times 3 = \underline{1,036,500}\text{円} \right] \gtreqless 1,000,000\text{円}$$

   故に、適用（　⓪あり　・　なし　）　　<u>1,036,500</u>円

4. 合計

   　　<u>0</u>　　円＋<u>1,036,500</u>円＋<u>1,036,500</u>円＝<u>2,073,000</u>円

第 3 問　相続があった場合の納税義務の免除の特例(1)

１．納税義務の判定

　①　甲の基準期間（令和 4 年度）の課税売上高 8,930,000 円が 10,000,000 円以下である。

　　したがって、消費税法第 9 条第 1 項「小規模事業者に係る納税義務の免除」の規定が適用される。

　②　甲の父の基準期間（令和 4 年度）の課税売上高 15,000,000 円が 10,000,000 円を超える。

　　したがって、令和 6 年 7 月 8 日から 12 月 31 日までの課税売上高について、消費税法第 10 条第 1 項「相続があった場合の納税義務の免除の特例」の規定の適用がある。

２．課税売上高の取扱い

　①　令和 6 年 1 月 1 日から 7 月 7 日までの課税売上高 3,182,400 円については、課税されない。

　②　令和 6 年 7 月 8 日から 12 月 31 日までの課税売上高 6,218,000 円については課税される。

第 4 問　相続があった場合の納税義務の免除の特例(2)

１．納税義務の判定

　①　甲の基準期間（令和 4 年度）の課税売上高 7,050,000 円が 10,000,000 円以下である。

　　したがって、消費税法第 9 条第 1 項「小規模事業者に係る納税義務の免除」の規定が適用される。

　②　甲の父の基準期間（令和 4 年度）の課税売上高 11,000,000 円が 10,000,000 円を超える。

　　したがって、令和 6 年 7 月 11 日から 12 月 31 日までの課税売上高について、消費税法第 10 条第 1 項「相続があった場合の納税義務の免除の特例」の規定が適用される。

２．課税売上高の取扱い

　①　令和 6 年 1 月 1 日から 7 月 10 日までの課税売上高 4,600,000 円については、課税されない。

　②　令和 6 年 7 月 11 日から 12 月 31 日までの課税売上高 5,200,000 円については課税される。

第 5 問　調整対象固定資産（著しく変動した場合）(1)

１．調整対象固定資産の判定

$$4,400,000 円 \times \frac{100}{110} = 4,000,000 円 \geq 1,000,000 円 \quad \therefore \quad 該当する。$$

２．著しい変動の判定

　①　仕入れ等の課税期間の課税売上割合

$$\frac{198,000,000 円}{198,000,000 円} = 100\%$$

　②　通算課税売上割合

$$\frac{A}{A+B} = 0.4$$

通算課税売上高(A) = 360,100,000 円 + 320,000,000 円 + 198,000,000 円

= 878,100,000 円

通算非課税売上高(B) = 123,456,000 円 + 1,193,694,000 円 + 0 円

$$=\underline{1,317,150,000}\,円$$

③ 判定

(イ) 変動率

$$\frac{1-0.4}{1}=0.\underline{6}\quad\overset{\geqq}{<}\quad\underline{50}\%$$

（いずれかを○で囲む）

(ロ) 変動差

$$\underline{1}-\underline{0.4}=0.\underline{6}\quad\overset{\geqq}{<}\quad\underline{5}\%$$

（いずれかを○で囲む）

∴ 著しい変動　なし・(あり)（増加・(減少)）

※なしの場合はなしに○を付し、ありの場合は増加または減少に○を付す

3．調整対象基準税額

$$\underline{4,400,000}\,円\times\frac{7.8}{110}=\underline{312,000}\,円$$

4．調整税額

$$\underline{312,000}\,円\times\underline{1}-\underline{312,000}\times\underline{0.4}=\underline{187,200}\,円$$

第6問　調整対象固定資産（著しく変動した場合）(2)

1．調整対象固定資産の判定

$$\underline{77,000,000}\,円\times\frac{100}{110}=\underline{70,000,000}\,円\quad\overset{\geqq}{<}\quad\underline{1,000,000}\,円\quad\therefore\quad該当\underline{する}。$$

（いずれかを○で囲む）

2．著しい（(増加)・　減少　）の判定

（いずれかを○で囲む）

① 仕入れ等の課税期間の課税売上割合

$$\frac{155,440,000\,円}{155,440,000\,円+424,560,000\,円}=\underline{0.268}\%$$

② 通算課税売上割合

　A　通算課税売上高　$\underline{155,440,000}\,円+\underline{805,385,000}\,円+\underline{644,619,000}\,円$
　　　$=\underline{1,605,444,000}\,円$

　B　通算非課税売上高　$\underline{424,560,000}\,円+\underline{31,850,000}\,円+\underline{56,146,000}\,円$
　　　$=\underline{512,556,000}\,円$

　C　通算課税売上割合　$\dfrac{1,605,444,000\,円}{1,605,444,000\,円+512,556,000\,円}=\underline{0.758}\%$

③ 判定

　A　変動率

$$\frac{0.758-0.268}{0.268}=\underline{1.828}\quad\overset{\geqq}{<}\quad\underline{50}\%$$

（いずれかを○で囲む）

　B　変動差

$$\overset{\geqq}{<}$$

（いずれかを○で囲む）

故に、適用　{ あり / なし }

（いずれかを○で囲むこと）

$$0.\underline{758}-0.\underline{268}=0.\underline{490} \qquad \underline{5}\%$$

3．調整対象基準税額

$$\underline{77,000,000}\,円 \times \frac{7.8}{110}=\underline{5,460,000}\,円$$

4．調整税額

$$\underline{5,460,000}\,円 \times ② \frac{1,605,444,000\,円}{1,605,444,000\,円+512,556,000\,円}-\underline{5,460,000}\,円$$

$$\times ① \frac{155,440,000\,円}{155,440,000\,円+424,560,000\,円}=\underline{2,675,400}\,円$$

第 7 問　調整対象固定資産（転用があった場合）(1)

1．車両 A

① 調整対象固定資産の判定

$$\underline{4,400,000}\,円 \times \frac{100}{110}=\underline{4,000,000}\,円 \geqq \underline{1,000,000}\,円 \quad \therefore 該当\underline{する}$$

② 転用時期の判定

令和 <u>4</u> 年 <u>5</u> 月 <u>8</u> 日～令和 <u>6</u> 年 <u>10</u> 月 <u>10</u> 日（<u>2</u> 年 <u>5</u> 月）≦ <u>3</u> 年 ∴適用<u>あり</u>

調整割合は $\dfrac{1}{3}$（<u>2</u> 年超 <u>3</u> 年以内）

③ 調整税額

$$\underline{4,400,000}\,円 \times \frac{7.8}{110}=\underline{312,000}\,円$$

$$\underline{312,000}\,円 \times \frac{1}{3}=\underline{104,000}\,円 \quad \therefore \underline{104,000}\,円を\underline{加算}する。$$

2．車両 B

① 調整対象固定資産の判定

$$\underline{3,300,000}\,円 \times \frac{100}{110}=\underline{3,000,000}\,円 \geqq \underline{1,000,000}\,円 \quad \therefore 該当\underline{する}$$

② 転用時期の判定

令和 <u>5</u> 年 <u>10</u> 月 <u>19</u> 日～令和 <u>6</u> 年 <u>8</u> 月 <u>18</u> 日（<u>10</u> 月）≦ <u>3</u> 年 ∴適用あり

<u>1</u> 年以内の転用のため、調整対象税額の<u>全額</u>を調整税額の計算対象とする。

③ 調整税額

$$\underline{3,300,000}\,円 \times \frac{7.8}{110}=\underline{234,000}\,円 \quad \therefore \underline{234,000}\,円を\underline{控除}する。$$

第8問　調整対象固定資産（転用があった場合）(2)

1．備品

① 調整対象固定資産の判定

$$1,650,000 円 \times \frac{100}{110} = 1,500,000 円 \overset{\geqq}{<} 1,000,000 円 \quad \therefore 該当する$$

（いずれかを○で囲む）

② 転用時期の判定

令和 5 年 7 月 10 日〜令和 7 年 2 月 7 日（1 年 7 月）$\overset{\leqq}{>}$ 3 年　∴適用あり

（いずれかを○で囲む）

③ 調整割合

1 年 7 月は 1 年超 2 年以内　故に $\dfrac{2}{3}$

④ 調整税額

$$\left(1,650,000 円 \times \frac{7.8}{110} = 117,000 円\right) \times \frac{2}{3} = 78,000 円 \quad \left\{\begin{array}{c}控\ 除 \\ 加\ 算\end{array}\right\}$$

（いずれかを○で囲むこと）

2．車両

① 調整対象固定資産の判定

$$3,300,000 円 \times \frac{100}{110} = 3,000,000 円 \overset{\geqq}{<} 1,000,000 円 \quad \therefore 該当する$$

（いずれかを○で囲む）

② 転用時期の判定

令和 5 年 12 月 15 日〜令和 6 年 12 月 25 日（1 年 1 月）$\overset{\leqq}{>}$ 3 年　∴適用あり

（いずれかを○で囲む）

③ 調整割合

1 年 1 月は 1 年超 2 年以内　故に $\dfrac{2}{3}$

④ 調整税額

$$\left(3,300,000 円 \times \frac{7.8}{110} = 234,000 円\right) \times \frac{2}{3} \quad \therefore 156,000 円 \quad \left\{\begin{array}{c}控\ 除 \\ 加\ 算\end{array}\right\}$$

（いずれかを○で囲むこと）

第9問　簡易課税制度

Ⅰ．課税標準額に対する消費税額等の計算等

1．課税標準額の計算

(1) 総売上高　54,626,000 円

(2) ゴルフ場利用株式等の売却収入　902,000 円

(3) 投資目的の建物売却収入　2,640,000 円

(4) 役員Bに対する美術品Aの贈与　264,000 円

(5) E社に対する代物弁済　110,000 円

(6) (1)〜(5)の合計　$58,542,000 円 \times \dfrac{100}{110} = 53,220,000 円$（1,000 円未満切捨）

2．課税標準額に対する消費税額

$53,220,000 円 \times 7.8\% = 4,151,160 円$

Ⅱ．控除税額の計算

1．返還等対価に対する税額

$$(\underline{465,300}円+\underline{38,500}円=\underline{503,800}円) \times \frac{7.8}{110} = \underline{35,724}円$$

2．控除対象仕入税額

(1) 課税売上高の割合による判定

イ．各種事業に係る課税売上高

① 第1種事業

A．総売上高　$\underline{19,800,000}円 \times \frac{100}{110} = \underline{18,000,000}円$

B．返還等対価の額

$(\underline{176,000}円+\underline{38,500}円=\underline{214,500}円) \times \frac{100}{110} = \underline{195,000}円$

C．A−B＝$\underline{17,805,000}円$

② 第2種事業

A．総売上高　$\underline{25,850,000}円 \times \frac{100}{110} = \underline{23,500,000}円$

B．返還等対価の額

$\underline{220,000}円 \times \frac{100}{110} = \underline{200,000}円$

C．A−B＝$\underline{23,300,000}円$

③ 第4種事業

$(\underline{902,000}円+\underline{2,640,000}円+\underline{264,000}円+\underline{110,000}円=\underline{3,916,000}円)$

$\times \frac{100}{110} = \underline{3,560,000}円$

④ 第5種事業

A．総売上高　$\underline{8,976,000}円 \times \frac{100}{110} = \underline{8,160,000}円$

B．返還等対価の額

$\underline{69,300}円 \times \frac{100}{110} = \underline{63,000}円$

C．A−B＝$\underline{8,097,000}円$

⑤　①+②+③+④＝$\underline{52,762,000}円$

ロ．三以上の事業を営む場合の特例適用の判定

$$\frac{イ①+イ②}{イ⑤} = 0.\underline{77906447822}\cdots \geqq \underline{75}\%以上　∴特例適用\underline{あり}$$

(2) みなし仕入れ率

イ．各種事業に係る消費税額

① 第1種事業

$\underline{18,000,000}円 \times \underline{7.8}\% - \underline{214,500}円 \times \frac{7.8}{110} = \underline{1,388,790}円$

② 第2種事業

$$\frac{7.8}{110}$$

$$23,500,000 \text{円} \times 7.8\% - 220,000 \text{円} \times \qquad = 1,817,400 \text{円}$$

③ 第4種事業

$$3,560,000 \text{円} \times 7.8\% = 277,680 \text{円}$$

④ 第5種事業

$$8,160,000 \text{円} \times 7.8\% - 69,300 \text{円} \times \frac{7.8}{110} = 631,566 \text{円}$$

⑤ ①+②+③+④＝4,115,436 円

ロ．原則による場合のみなし仕入率

$$\frac{A}{B} = 0.774\cdots$$

A＝1,388,790 円×90%＋1,817,400 円×80%＋277,680 円×60%

+631,566 円×50% → 3,186,222 円

B＝4,115,436 円

ハ．特例による場合のみなし仕入率

① 二種類以上の事業を営む事業者の場合

第1種事業の占める割合　1,388,790 円÷イ⑤の金額＝0.33…＜　75%

第2種事業の占める割合　1,817,400 円÷イ⑤の金額＝0.44…＜　75%

第4種事業の占める割合　277,680 円÷イ⑤の金額＝0.06…＜　75%

第5種事業の占める割合　631,566 円÷イ⑤の金額＝0.15…＜　75%

∴適用なし

② 三種類以上の事業を営む事業者の場合

A．第1種及び第2種事業の占める割合

(1,388,790 円＋1,817,400 円)÷4,115,436 円＝0.77…　≧　75%

B．$\dfrac{a}{b}$ ＝0.83374…

a　1,388,790 円×90%＋（4,115,436 円－1,388,790 円）×80%

＝3,431,227 円

b　4,115,436 円

ニ．判定

ロ ＜ ハ ∴ 特例によるみなし仕入率を採用する。

ホ．控除対象仕入税額の計算

$$(4,151,160 \text{円} - 35,724 \text{円}) \times \frac{3,431,227 \text{円}}{4,115,436 \text{円}} = 3,431,227 \text{円}$$

(3) 控除税額合計

35,724 円＋3,431,227 円＝3,466,951 円

Ⅲ．納付税額の計算

4,151,160 円－3,466,951 円＝684,209 円　→　684,200 円（100 円未満切捨）

第10問　国等の仕入税額控除の特例(1)

1．特定収入割合の判定

① 資産の譲渡等の対価の額の合計額

$660,000,000 円 \times \dfrac{100}{110} + 25,000,000 円 = 625,000,000 円$

② 特定収入の額の合計額

90,000,000 円

③ 判定

$\dfrac{90,000,000 円}{625,000,000 円 + 90,000,000 円} = 0.1258\cdots > 5\%$　∴国等の特例適用あり

2．調整割合

$\dfrac{50,000,000 円}{625,000,000 円 + 50,000,000 円} = 0.0740\cdots$

① 資産の譲渡等の対価の額の合計額

$660,000,000 円 \times \dfrac{100}{110} + 25,000,000 円 = 625,000,000 円$

② 課税仕入れ等に係る特定収入以外の特定収入の額の合計額　50,000,000 円

3．特定収入に係る課税仕入れ等の税額

① 課税仕入れ等に係る特定収入に係る税額

$40,000,000 円 \times \dfrac{7.8}{110} = 2,836,363 円$

② 課税仕入れ等に係る特定収入以外の特定収入に係る税額

$\left(390,082,000 円 \times \dfrac{7.8}{110} - 2,836,363 円\right) \times \dfrac{50,000,000 円}{625,000,000 円 + 50,000,000 円}$

$= 1,838,814 円$

③ 合計

①＋②＝4,675,177 円

第11問　国等の仕入税額控除の特例(2)

1．特定収入割合の判定

① 資産の譲渡等の対価の額の合計額

$\left(699,026,449 円 \times \dfrac{100}{110} = 635,478,590 円\right) + 26,478,270 円 = 661,956,860 円$

② 特定収入の額の合計額

120,000,000 円

③ 判定

$\dfrac{120,000,000 円}{661,956,860 円 + 120,000,000} = 0.1534\cdots \genfrac{}{}{0pt}{}{>}{\leqq} 5\%$　∴調整の適用[あり]

（いずれかを○で囲む）

2．調整割合

$$\frac{90,000,000\text{円}}{661,956,860\text{円}+90,000,000\text{円}}$$

3．特定収入に係る課税仕入れ等の税額

① 課税仕入れ等に係る特定収入に係る税額

$$30,000,000\text{円}\times\frac{7.8}{110}=2,127,272\text{円}$$

② 課税仕入れ等に係る特定収入以外の特定収入に係る税額

$$\left(474,166,220\text{円}\times\frac{7.8}{110}-2,127,272\text{円}\right)\times\frac{90,000,000\text{円}}{751,956,860\text{円}}=3,769,615\text{円}$$

③ 合計

①＋②＝5,896,887円

第12問　棚卸資産の調整

1．課税仕入れ等の区分

(1) 課税資産の譲渡等にのみ要するもの

イ．課税仕入れに係る税額

9,450,000円＋3,550,000円＝13,000,000円

$$13,000,000\text{円}\times\frac{7.8}{110}=921,818\text{円}$$

ロ．棚卸資産の調整額

$$594,000\text{円}\times\frac{7.8}{110}=42,120\text{円}$$

(2) その他の資産の譲渡等に要するもの

$$220,000\text{円}\times\frac{7.8}{110}=15,600\text{円}$$

(3) 課税資産の譲渡等とその他の試算の譲渡等に共通して要するもの

$$4,580,000\text{円}\times\frac{7.8}{110}=324,763\text{円}$$

(4) 合計

イ．課税仕入れに係る税額

9,450,000円＋8,350,000円＝17,800,000円

$$17,800,000\text{円}\times\frac{7.8}{110}=1,262,181\text{円}$$

ロ．棚卸資産の調整額

42,120円

2．個別対応方式による控除対象仕入税額

$$（921,818円 \overset{+}{\underset{-}{}} 42,120円）+324,763円×94\%=1,184,975円$$

3．一括比例配分方式による控除対象仕入税額

$$（1,262,181円 \overset{+}{\underset{-}{}} 42,120円）×94\%=1,146,857円$$

4．判定

個別対応方式 $\underline{1,184,975}$ 円 $\overset{>}{\underset{<}{}}$ 一括比例配分方式 $\underline{1,146,857}$ 円

∴（個別対応）方式が有利　$\underline{1,184,975}$ 円

第13問　総合問題

Ⅰ．課税標準額に対する消費税額の計算等

区　　分	計　算　過　程
1．課税標準額 665,946,000円	1．課税標準額の計算 ① 総売上高　712,411,000円 ② （保養所施設利用料収入）　660,000円 ③ （建物収用高） $$204,060,000円×\frac{19,800,000円}{195,000,000円+19,800,000円}$$ $$=18,810,000円$$ ④ （代物弁済）　440,000円 ⑤ 役員に対する贈与 $$220,000円 \overset{>}{\underset{<}{}} （313,500円×0.5=156,750円）$$ 　（いずれかを○で囲む） ∴220,000円 ⑥ 合計 $$（①〜⑤　計　732,541,000円）×\frac{100}{110}$$ $$=665,946,363円→665,946,000円（1,000円未満切り捨て）$$
2．課税標準額に 　対する消費税額 51,943,788円	2．課税標準額に対する消費税額の計算 $$665,946,000円×7.8\%=51,943,788円$$
3．課税標準額に 　対する消費税額 　の　調　整　額 28,350円	3．課税標準額に対する消費税額の調整額の計算（貸倒回収に係る消費税額の計算） $$486,000円×\frac{6.3}{108}=28,350円$$

Ⅱ．控除税額の計算

1．課 税 売 上 割 合 $\dfrac{703,001,273 \text{円}}{894,057,773 \text{円}}$	1．課税売上割合の計算 (1) 課税売上高 　イ．国内売上高 　　① 課税総売上高　665,946,363 円 　　② 売上に係る対価の返還等の金額 　　　（5,323,000 円＋3,762,000 円＝9,085,000 円）$\times \dfrac{100}{110}$ 　　　＝8,259,090 円 　　③ 国内売上高　①－②＝657,687,273 円 　ロ．輸出売上高　45,314,000 円 　ハ．合計　イ．＋ロ.＝703,001,273 円 (2) 非課税売上高 　① 受取利息　1,314,000 円 　② （社宅使用料収入）　1,560,000 円 　③ （土地収用高） 　　204,060,000 円×$\dfrac{195,000,000 \text{円}}{195,000,000 \text{円}+19,800,000 \text{円}}$ 　　＝185,250,000 円 　④ （有価証券売却高）　58,650,000 円×5%＝2,932,500 円 　⑤ 合計　①＋②＋③＋④＝191,056,500 円 (3) 課税売上割合 　$\dfrac{703,001,273 \text{円}}{(1)+(2)}$＝0.7863… (4) 判定　703,001,273 円　＞　500,000,000 円 　　従って、控除対象仕入税額の計算は，（個別対応方式）又は 　　（一括比例配分方式）により行うこととなる。
2．控除対象仕入税額 　40,656,197 円	2．控除対象仕入税額の計算 (1) 課税仕入れ等の税額 　a．課税資産の譲渡等にのみ要するもの 　　イ．国内取引 　　① 総仕入高 　　　531,857,000 円－74,251,000 円＝457,606,000 円 　　② （商品荷造運送費） 　　　8,968,000 円＋226,000 円＝9,194,000 円 　　③ 広告宣伝費　2,859,000 円 　　④ （地代家賃）

$$3,960,000 円 + 924,000 円 = 4,884,000 円$$

⑤　（商品配送用車両）　4,070,000 円

⑥　小計

$$（①〜⑤　計　478,613,000 円）\times \frac{7.8}{110} = 33,938,012 円$$

ロ.　輸入取引　$4,848,000 円 + 364,000 円 = 5,212,000 円$

ハ.　合計　$33,938,012 円 + 5,212,000 円 = 39,150,012 円$

b.　その他の資産の譲渡等にのみ要するもの（有価証券売却手数料）

$$879,000 円 \times \frac{7.8}{110} = 62,329 円$$

c.　課税資産の譲渡等とその他の資産の譲渡等に共通して要するもの

①　（通勤定期代※）　4,638,000 円　※（従業員給与手当）でも可

②　福利厚生費

$$（658,000 円 - 46,000 円）+ 220,000 円 = 832,000 円$$

③　（旅費交通費）

$$4,703,000 円 - 940,000 円 = 3,763,000 円$$

④　（通信費）

$$3,740,000 円 - 123,000 円 - 430,000 円 = 3,187,000 円$$

⑤　接待交際費

$$1,313,000 円 + 932,000 円 + （367,000 円 - 11,000 円）$$
$$+ 66,000 円 = 2,667,000 円$$

⑥　寄附金　880,000 円

⑦　（水道光熱費）　2,174,000 円

⑧　修繕費　3,150,000 円

⑨　（リース料）　$980,000 円 - 98,000 円 = 882,000 円$

⑩　その他の費用　11,000,000 円

⑪　合計

$$（①〜⑩　計　33,173,000 円）\times \frac{7.8}{110} = 2,352,267 円$$

(2) 返還等に係る税額（課税資産の譲渡等にのみ要するものに係るもの）

$$（4,803,000 円 + 40,000 円 = 4,843,000 円）\times \frac{7.8}{110}$$

$$= 343,412 円$$

(3) 個別対応方式による控除対象仕入税額の計算

$$（39,150,012 円 - 343,412 円）+ 2,352,267 円$$

$$\times \frac{703,001,273 円}{894,057,773 円} = 40,656,197 円$$

(4) 一括比例配分方式による控除対象仕入税額の計算

① 課税仕入れ等の税額

イ．国内取引

（478,613,000 円＋879,000 円＋33,173,000 円

＝512,665,000 円）$\times \dfrac{7.8}{110}$ ＝36,352,609 円

ロ．輸入取引　5,212,000 円

ハ．合計

（36,352,609 円＋5,212,000 円＝41,564,609 円）

$\times \dfrac{703,001,273 \text{ 円}}{894,057,773 \text{ 円}}$ ＝32,682,421 円

② 返還等に係る税額

343,412 円$\times \dfrac{703,001,273 \text{ 円}}{894,057,773 \text{ 円}}$ ＝270,026 円

③ 差引計　32,682,421 円－270,026 円＝32,412,395 円

(5) 判定

（個別対応方式）　　　（一括比例配分方式）

40,656,197 円　$\overset{\textgreater}{\underset{\textless}{}}$　32,412,395 円

（いずれかを○で囲む）

故に（個別対応方式）が有利　40,656,197 円

3. 返還等対価に係る税額 644,209 円	3. 返還等対価に係る税額の計算 9,085,000 円$\times \dfrac{7.8}{110}$ ＝644,209 円
4. 貸倒れに係る税額 107,100 円	4. 貸倒れに係る税額の計算 1,836,000 円$\times \dfrac{6.3}{108}$ ＝107,100 円
5. 控除税額合計 41,407,506 円	5. 控除税額合計の計算 40,656,197 円＋644,209 円＋107,100 円＝41,407,506 円

Ⅲ．納付税額の計算

1. 差引税額 10,564,600 円	1. 差引税額の計算 51,943,788 円＋28,350 円－41,407,506 円 ＝10,564,632 円　→10,564,600 円（100 円未満切り捨て）
2. 納付税額 5,726,600 円	2. 納付税額の計算 10,564,600 円－4,838,000 円＝5,726,600 円

74

［編者紹介］

経理教育研究会

商業科目専門の執筆・編集ユニット。
英光社発行のテキスト・問題集の多くを手がけている。
メンバーは固定ではなく、開発内容に応じて専門性の
高いメンバーが参加する。

執筆協力　**榊原　大志**（さかきばら たいし）

税理士・社会保険労務士
1987年生
榊原税務労務会計事務所

ちょっと臆病なチキンハートの犬
チキン犬

・とても傷つきやすく、何事にも慎重。
・慎重すぎて逆にドジを踏んでしまう。
・頼まれごとにも弱い。
・のんびりすることと音楽が好き。
・運動は苦手（犬なのに…）。
・好物は緑茶と大豆食品。

■英光社イメージキャラクター
　『チキン犬』特設ページ
　https://eikosha.net/chicken-ken
チキン犬LINEスタンプ販売中！

消費税法1級　令和6年度版
2024年5月15日　改訂発行

編　　者　経理教育研究会
発行所　株式会社 英光社
　　　　　〒176-0012　東京都練馬区豊玉北1-9-1
　　　　　TEL 050-3816-9443
　　　　　振替口座 00180-6-149242
　　　　　https://eikosha.net

©2024 EIKOSHA
ISBN 978-4-88327-843-5 1923034031002

本書の内容に誤りが見つかった場合は、
ホームページにて正誤表を公開いたします。
https://eikosha.net/seigo

本書の内容に不審な点がある場合は、下記よりお問合せください。
https://eikosha.net/contact
FAX 03-5946-6945
※お電話でのお問合せはご遠慮ください。

落丁・乱丁本はお取り替えいたします。
上記contactよりお問合せください。